나에게 불교란

나에게 불교란

강승환 지음

운주사

머리말

이 글은 남에게 보이기보다는
내 스스로 내 마음을 다스리기 위해 쓴 것입니다.
원효대사 글을 번역하면서 생각했던 것들을
불교 이론을 참조해 수필 형식으로 썼습니다.
원효대사가 무애가를 불렀다는 기록이 있습니다.
거리낌이 없다는 뜻입니다.
그러나 그 내용은 전하지 않습니다.
이제 그 뜻을 이어받아 나름대로 노래 가사를 지어봤습니다.
그러나 학식이 부족해 어설프기 짝이 없습니다.
그래도 글과 엮어 간신히 연결을 지었습니다.
저는 가끔 이 가사를 읊조리며 제 마음을 다스립니다.
혹 다른 분들에게도 도움이 되었으면 합니다.

머리말 • 5

1. 부처 —— 13

천상천하유아독존(평생을 찾았어도) • 13

유일대사(중생을 제도코자) • 15

부처 현신(온 누리에 부처 몸) • 18

아라한과 부처(조용한 숲 산속 절) • 21

연각(영통하고 광대하며) • 23

극락(이렇게 생각하면) • 27

도솔천(돌아갈 곳이 있어) • 30

2. 중생 —— 35

중생(오늘 아침 눈뜬 것을) • 35

마음 부처(둥근 깨침 산속에) • 37

내 탓(인생살이 글로 쓰면) • 40

공업(이제까지 살아온 게) • 43

시기심(사람 몸을 받았으니) • 46

성냄(말 한마디 참았으니) • 49

화병(마음 하나를 못 다스려서) • 51
병(눈이 다소 침침하니) • 54
흉몽(일체가 헛것) • 57
자살(한세상 살다보면) • 60
임종(이 몸은 사대화합) • 63

3. 이치 ─── 67

삼계화택(성주괴공 도는 우주) • 67
개유불성(한 생각도 일찍이) • 70
번뇌(생로병사 도는 고통) • 73
죄업(십악죄는 무서운 죄) • 76
오온(사람이 무지하여) • 79
팔식(일체 모든 세상은) • 84
사각(어둠 속 길을 잃고) • 88
일체종지(중생을 멀리 말라) • 91
공의 뜻(무명의 화려함이여) • 94
공에 들기(오고 감이 한결 같아) • 98
공의 구분(내 고요히 앉아서) • 101
무애행(나와 우주 있고 없음) • 103

4. 수행 ─── 107

　지관(탐욕세계 머물지만) • 107
　귀명(천길 단애 미끌 절벽) • 109
　참회(죄업을 참회해서) • 112
　보살행(위엄 있고 신력 있는) • 116
　천하명당(하늘은 지붕이요) • 119
　홀로 수행(시비가 없는데도) • 122
　여시아문(신선이 자리를) • 126
　불교 한자(잘 됐으면 좋으련만) • 128
　두께(온 곳이 어디기에) • 130
　두께의 설명(부처님이 둘러보신) • 133
　종교의 다양성(너른 들판) • 136
　화쟁(어떤 때는 좋아 했소) • 138
　이두(뿔 탄 수레경을 펼쳐) • 142

5. 가사 ─── 147

　인간人間 • 147
　일생一生 • 148
　전생前生 • 149

내 업業 • 150

세주世主 • 151

수심修心 • 152

숙업宿業 • 153

유심唯心 • 155

일심一心 • 156

불교아리랑 • 157

나에게 불교란

중생을 멀리 말라 부처를 찾지 말라.
중생이 부처이고 부처가 중생이니
중생은 단 한 번도 변하지 아니했고
부처도 단 한 번도 변하지 아니했네.
깨치면 하나요 못 깨치면 둘이라.

1. 부처

천상천하유아독존

천상천하유아독존天上天下唯我獨尊은 "이 세상에서 오직 나만이 존귀하다."는 뜻이다.

석가모니 부처님이 탄생하실 때 일곱 발자국을 걸으면서, 오른쪽 손가락으로 하늘을 가리키며 하신 말씀이라 한다.

석가모니 탄생게로 '부처가 되어 중생을 제도하겠다'는 염원을 나타낸 말이다.

가끔 이 말은 '이 세상에는 오직 나만이 존재한다.'라고 해석되기도 한다.

틀린 말은 아니다. 사실이 그러하기 때문이다.

비록 여럿이 모여 살지만 태어날 때도 혼자 태어났고, 아플 때도 혼자 아프며, 괴로울 때도 혼자 괴롭고, 헤어질 때도 혼자 헤어지며, 죽을 때도 혼자 죽는다. 따라서 오직 나만이 존재한다(獨存)라고도 할 수 있다.

그러나 오직 나만이 존귀하다(獨尊)는 이보다 한걸음 더 나아간다. 곧 깨치지 못할 이유가 없다는 뜻이고, 부처가 되지 못할 이유가 없다는 뜻이다.

왜냐? 내가 가장 존귀하기 때문이다.

따라서 부처 도로 나아가지 못할 이유가 없고, 수행으로 나아가지 못할 이유가 없다.

또 내가 가장 존귀하기 때문에 허튼 짓, 나쁜 짓을 할 수가 없다.

존귀한 사람이 어찌 허튼 짓, 나쁜 짓, 남이 싫어하는 짓, 비난 받을 짓, 남을 속이는 짓을 할 수 있겠는가? 이것이 가장 존귀하다의 뜻이다.

또 내가 가장 존귀하기 때문에 남의 존귀함도 인정한다.

내가 존귀한데 어찌 남의 존귀함을 인정하지 않겠는가? 곧 상대도 인정한다. 나만 주장하지 않는다. 그래서 남의 입장도 고려해, 말 한마디 조심하고, 행동 하나 조심해서, 서로 도우며 더불어 산다. 이것이 가장 존귀하다의 뜻이다.

이 세상 사람들이 모두 가장 존귀한 사람들이다.

〔평생을 찾았어도〕
평생을 찾았어도 부처님을 못 찾았고.
평생을 찾았어도 보살님을 못 찾았네.
부처가 있습니까? 원효대사 이르시길
그대가 부처인데 어디 가서 부처 찾소?

평생을 구했어도 깨침을 못 구했고
평생을 구했어도 해탈을 못 구했네.
깨침이 있습니까? 원효대사 이르시길
그대가 깨침인데 어디 가서 깨침 찾소?

유일대사

중생은 자기의 업에 이끌려 6도를 윤회하지만, 부처는 업이 없어 6도를 윤회하지 않는다.

곧 중생은 자기의 업에 의해 강제로 태어나는 업생業生이지만, 부처는 자기의 바람에 의해 태어나는 원생願生이다. 태어나고 싶으면 태어나고, 태어나고 싶지 않으면 태어나지 않는다.

그런데도 부처가 6도에 태어나는 경우가 있다.

6도六道는 천, 인, 수라, 축생, 아귀, 지옥을 말한다.

이는 중생을 제도하려는 한 가지 염원 때문이다. 이를 부처님의 오직 한 가지 큰일, 유일대사唯一大事라 한다.

부처의 6도 중생 제도에는 한없는 고통이 따른다. 그곳 중생이 겪는 고통과 똑 같은 고통을 그대로 다 겪어야 하기 때문이다.

가령 사람을 제도하려면 사람의 몸으로 태어나, 사람과 똑 같이 생활하며, 사람을 제도해야 한다.

이때 병도 걸리고 시샘도 당하며 모욕도 당한다. 곧 사람이 겪는 고통을 똑 같이 다 겪는다.

지옥 중생도 마찬가지다.

지옥 중생을 제도하려면 지옥 중생의 몸으로 태어나, 지옥 중생과 똑 같이 생활하며, 그들을 제도한다. 따라서 그들이 겪는 고통을 똑 같이 다 겪는다.

그 고통은 이루 말할 수가 없다. 화엄경은 이렇게 말한다.

"하나하나의 중생 때문에, 울부짖는 지옥 가운데 계시면서, 한량없는 겁 동안 몸을 태우지만, 마음의 깨끗함은 가장 뛰어남 그대로이다."

아무리 험한 곳에 처해도 부처님의 본심은 언제나 맑고 청정하다는 뜻이다.

이런 일은 아무나 할 수 없다. 오직 부처만이 할 수 있다. 그래서 우리는 부처를 공경하고 칭송하며, 어렵더라도 우리에게 다시 한 번 더 와주시기를 간절히 기원한다.

그러나 부처는 자기가 제도할 수 있을 때만 출현하신다.

사회가 너무 어지러워 제도할 수 없으면 출현하지 않는다. 곧 5탁이 치성하면 부처가 출현하지 않는다.

5탁五濁은 세계가 탁하고(겁탁) 견해가 탁하며(견탁) 번뇌가 탁하고(번뇌탁) 중생이 탁하며(중생탁) 목숨이 탁한 것(명탁)이다.

당연히 이런 경지까지 이르러서는 안 된다.

〔중생을 제도코자〕
중생을 제도코자 도솔천궁 물러나와
마야부인 몸을 빌려 정반왕궁 자리했네.
일체가 부처라서 제도하지 아니하니
궁궐대문 나서기 전 모든 중생 다 구했네.

중생을 제도코자 도솔천궁 물러나와
마야부인 몸을 빌려 정반왕궁 자리했네.
일체가 법계라서 가르치지 아니하니
궁궐대문 나서기 전 모든 설법 다 마쳤네.

부처 현신

부처가 이 세상에 모습을 나타내는 것을 부처 현신現身이라 한다.

부처는 온 세상에 동시에 똑같은 모습을 나타낼 수 있다. 이 세상 모든 사람들은 동시에 똑같은 부처 모습을 볼 수 있다.

공과 색이 평행하고 평등하기 때문이다.

공은 텅 빈 것으로 부처의 경지를 말하고, 색은 만물이 있는 것으로 중생의 경지를 말하는데, 이 둘이 평행하고 평등하게 한없이 펼쳐져 있다.

마치 허공에 하나의 깨끗한 판이 한없이 넓게 펼쳐져 있고, 그 아래 세상 만물의 머리 끝끝이 닿아 있는 것과 같다.

하나의 판이 공의 모습이고, 만물의 머리 끝끝이 색의 모습이다. 이를 두두물물頭頭物物이라 한다. 세상 만물의 머리 끝끝이 모두 공에 닿아 있다는 뜻이다.

공은 균일하며 기복이 없어 그 성질이 하나이나, 색은 고르지 않고 기복이 있어 각양각색이다.

공은 오직 하나의 텅 빈 모습이나, 색은 너도 있고 나도 있으며 집도 있고 나무도 있다.

따라서 부처는 오직 하나이고 만물은 여럿이지만, 부처는 일체 만물에 동시에 똑같은 모습을 나타낼 수 있다.

이를 불신보편시방중佛身普遍十方中이라 한다. 부처 몸은 온 누리에 두루하다는 뜻이다.

이 원리는 업業에도 적용된다.

업은 선업과 악업이 있는데 모두 공에 축적된다. 그중 선업을 본다.

평소 선업을 쌓은 이가 어떤 위급한 처지에 당하면, 그가 쌓은 선업이 동시에 즉각적으로 그에게 반응해 그를 보호한다.

마치 모든 빛이 일시에 그를 비추는 것과 같다. 모든 선업이 일시에 그에게 집중되기 때문이다.

그가 어디서 선업을 쌓았고, 지금 어디서 위급을 당하든 상관없다. 가령 서울에서 선업을 쌓았는데, 지금 미국에서 위급을 당한다 하더라도 말이다.

공에서는 시간과 거리 개념이 없어 모두가 동시이기 때문이다.

따라서 평소 선업을 쌓은 사람은 절대로 횡액을 당하지 않는다. 자기가 쌓은 선업이 언제든지 보호해줄 준비를 하고 있기 때문이다.

그래서 옛사람은 말했다. 덕은 외롭지 않다(덕불고德不孤)고. 악업은 그 반대일 것이다.

〔온 누리에 부처 몸〕

온 누리에 부처 몸 널리널리 두루해
세 세계의 여래는 모두 모두 똑 같아
부처 바람 넓고 커 항상 다함 없으나
깨침 바다 또 넓어 끝을 알기 어려워.

佛身普遍十方中 三世如來一體同
불 신 보 편 시 방 중　삼 세 여 래 일 체 동
廣大願雲恒不盡 汪洋覺海渺難窮 (석문의범)
광 대 원 운 항 부 진　왕 양 각 해 묘 난 궁

아라한과 부처

소승은 나 자신의 깨침을 주로 하고, 대승은 모두 함께 깨침을 주로 한다.

소승의 깨친 이를 아라한(나한)이라 하고, 대승의 깨친 이를 부처(불)라 한다.

그러나 이의 큰 차이점은 인공과 법공이다.

인공人空은 내가 공하다, 내가 비었다는 것이고, 법공法空은 우주가 공하다, 우주가 비었다는 것이다.

인공을 깨친 이가 아라한이고, 법공을 깨친 이가 부처이다.

법法은 인도어 달마(담마)를 한역한 것인데, 우주, 우주 삼라만상, 그 진리 등의 뜻이 있다.

석가 당시 아라한은 인공을 얻어 해탈했으나, 이 우주에는 어떤 절대적 법칙이나 절대자가 있어 주재한다고 생각했다.

석가는 여기에 의심을 품었다.

만약 절대자가 있다면 이 세상에는 "왜 이렇게 슬픔이 많고, 왜 이렇게 고통이 많은가?"라는 문제에 걸린 것이다. 이 문제가 풀리지 않았다.

그래서 우주를 규명하기 시작했고, 결국 6년의 고행 끝에 우주도 공함을 깨쳤다.

절대적 법칙이나 절대자가 애초부터 없었다. 우주의 본질도 공이었다. 이것이 법공이다. 이 법공은 석가가 처음으로 밝혀냈다.

인공과 법공을 합쳐 2공二空 또는 구공俱空이라 하며, 일체가 공하므로 일체개공一切皆空이라 한다.

인공을 터득한 이가 아라한이고, 인법人法 2공을 터득한 이가 부처다.

인법 2공을 처음으로 터득한 사람이 석가이므로 우리는 그를 부처라 부른다.

〔조용한 숲 산속 절〕
조용한 숲 산속 절 말 끊고서 앉으니
고요하고 그윽해 본디 자연 그대로.
갈바람은 어찌해 나무숲을 흔드나
기러기뗀 찬 밤에 긴 하늘을 왜 우나.

山堂靜夜坐無言 寂寂寥寥本自然
산 당 정 야 좌 무 언   적 적 요 요 본 자 연

何事西風動林野 一聲寒雁唳長天 (야보송)
하 사 서 풍 동 임 야   일 성 한 안 려 장 천

부처슬기 넓고 큼 텅 빈 하늘같아서

높은 깨침 등불 돼 온 세상을 비추네.

이 세상의 모든 것 모두 모두 헛됨을

모든 중생 하여금 낱낱 알게 하시네.

佛智廣大同虛空 得成無上照世燈
불 지 광 대 동 허 공   득 성 무 상 조 세 등

悉令一切諸衆生 悉了世間諸妄想 (화엄경, 일부 수정)
실 령 일 체 제 중 생   실 료 세 간 제 망 상

연각

연각은 불교 4성 중 셋째자리다.

  4성四聖은 네 성인으로 불, 보살, 연각, 성문을 말한다. 여기에 6도六道 중생을 더하면 10계가 된다.

  불을 부처이고, 보살은 그 아래 제자이나 대부분 실제로는 부처이다.

  석가가 중생을 제도하겠다고 나서자 몸을 낮추어 석가를 돕는 사람들이다. 관음보살 문수보살 등이 대표적이다.

또 석가 사후 석가의 뜻을 받들어 펴는 사람도 보살이다. 용수보살 마명보살 등이 대표적이다. 원효보살(원효대사)도 여기에 속한다.

성문聲聞은 부처 법을 배워서 깨치는 사람인데, 석가 당시 배우는 방법으로는 듣고 외우는 것뿐이었다. 지금과 같이 연필과 종이가 없어 쓰고 적고 할 수가 없었다. 그래서 듣고 깨치는 사람이라 했다.

연각緣覺은 인연으로 깨치는 사람인데, 나뭇잎이 피고 지는 자연현상을 보고 스스로 깨치는 사람이다. 달리 홀로 깨치는 사람, 독각, 벽지불이라고도 한다.

이 연각은 원칙적으로 부처와는 상관이 없다.

물론 내용적으로는 부처와 상통하는 점이 있겠지만, 직접적으로는 부처와 관계가 없다. 자기 혼자 스스로 깨치기 때문이다. 그런데 불교는 이런 사람을 받아들여 성문 앞에 둔다.

물론 깨침의 본질이 서로 통하기 때문에 그럴 수도 있겠지만 이는 불교의 포용력을 나타내기도 한다.

비록 자기를 따르지 않더라도, 자기와 다르더라도 그 존재와 가치를 인정하고 존중하는 것이다. 이는 불교의 위대한 포용력이자 대단한 장점이다.

우리 단군신화에는 환인 환웅 단군 세 사람의 성인이 나온다.

환인은 하느님의 개념이고, 환웅은 구세주의 개념이며, 단군은 군왕의 개념이다.

환인은 나이 많은 노인으로 나타나는데 북두칠성으로 대표되기도 한다. 북두칠성이 밤하늘을 대표하기 때문이다.

환웅은 중간 노인으로 나타나는데 그의 곁에는 항상 용이나 물, 폭포수가 있다. 용龍이 "미르(믈, 물) 용"이기 때문이다.

단군은 젊은 노인으로 나타나는데 그의 곁에는 항상 호랑이가 있다. 호랑이는 산의 주인인데, 단군이 구월산에 들어가 산신이 되었다고 하기 때문이다.

불교는 이 세 분을 받아들여 칠성각, 용왕각, 산신각에 모시거나 아니면 삼성각에 함께 모시는데, 흔히 사찰을 보호하는 임무를 맡는다고 한다.

그러나 이들을 연각으로 볼 수 있다. 실제로 불교는 환웅을 독각성이나 나반존자로 추앙해서 존경하고 있다. 나반존자는 연각의 반열인데 우리나라에만 있는 독특한 존자이다.

우리 사회에도 연각이 많다.

종교가 무엇인지 모르고, 교회나 절간이 어디 있는지 몰라도, 나름대로 사색하고 고민하며 도를 닦는 사람들 말이다.

각자 맡은 분야에서 성실하고 묵묵히 노력하며, 남이 알아주든 말든 남에게 이로움을 주고 사회를 지탱하는 사람들이 그들이다.

단지 자기가 도를 닦는 연각이라는 사실을 모르고 있을 뿐이다. 우리는 이런 연각을 존중한다.

근래 일부 종교에서 우리 단군신화를 부정하며 배척하는 것 같다. 반면 중국 길림성에서는 우리 단군신화를 받아들여 자기들 지방문화로 만들고 있다.

우리 고유문화는 점점 줄어들고 있다. 불교 유교 천주교 기독교 등 온통 외래 종교뿐이다.

그러나 중국 문화는 점점 확장되고 발전되고 있다. 남의 문화까지 받아들여 자기들 지방문화로 만들고 있다. 우리 문화가 중국 문화에 예속되고 있다.

우리는 고유 종교 하나 제대로 발전시키지 못한 빈약한

문화지만, 중국은 다른 나라 종교까지 아울러서 자기 것으로 만드는 거대 문화이다. 부끄럽기도 하고 두렵기도 하다.

〔영통하고 광대하며〕
영통하고 광대하며 거울 같은 지혜로
허공중에 계시면서 만방을 비추누나.
푸른 하늘 늘어서서 부처세계 임해서는
중생 수명 늘려주려 셈을 하고 계시네.

靈通廣大慧鑑明 住在空中映無方
영 통 광 대 혜 감 명　주 재 공 중 영 무 방

羅列碧天臨刹土 周天人世壽算長 (석문의범, 삼성각 주련)
나 열 벽 천 임 찰 토　주 천 인 세 수 산 장

극락

극락은 말 그대로 아름답고 지극히 즐거운 곳이다. 정토, 안양이라고도 하는데 깨끗한 땅, 안락하고 편안한 땅이란 뜻이다.

춥고 배고픈 고통이 없고, 기후도 항상 온화해, 생활하기 좋고 수행하기 좋은 곳이다.

원효 유심안락도는 이렇게 말한다.

"진기하고 향기로운 법의 맛이 몸과 마음을 봉양하니, 누구에게 아침에 배고프고 저녁에 목마른 괴로움이 있겠는가?

옥 같은 수풀과 꽃다운 바람으로 따뜻함과 서늘함이 항상 알맞으니, 본디부터 겨울은 춥고 여름은 더운 번거로움이 없다."

이런 극락에 관한 경전이 무량수경, 관무량수경, 아미타경 셋이 있어 정토삼부경이라 한다.

관무량수경은 극락의 16가지 좋은 모습(16관)을 이야기하는데 말 그대로 참으로 좋은 곳이다.

무량수불은 아미타불과 같은 말이다.

극락에는 방향에 따라 4방불, 6방불, 8방불, 10방불 등이 있다.

4방불은 중앙이 있어 실제로는 5방불이라 할 수 있다. 경전마다 설명이 다소 다르나 적절히 설명한다.

중앙에는 연화장세계가 있는데 석가모니불이 계시고, 동방에는 유리광정토가 있는데 아촉불이 계시며, 서방에는 서방정토가 있는데 아미타불이 계시고, 남방에는 환희세계가 있는데 보상불이 계시며, 북방에는 무우세계가 있는데 미묘성불이 계신다.

이 중 잘 알려진 곳이 석가모니불이 계시는 연화장세계와 아미타불이 계시는 서방정토이다.

연화장세계에서는 도솔천이 유명한데 여기에는 석가모니불과 미륵불이 계시기 때문이다. 그래서 우리는 죽으면 도솔천으로 가고자 한다.

서방정토는 여기에서 서쪽으로 10억만 거리를 지나면 있는데 현재 아미타불이 설법하고 계신다. 그래서 많은 사람들이 그곳에 가기를 원한다.

간혹 사람에 따라서는 석가모니불이 계시는 도솔천과 아미타불이 계시는 서방정토 중 어디로 갈까 고민한다고 하는데, 원효대사는 모두 똑 같은 곳으로 자기의 인연에 따라서 가면 된다고 한다.

참으로 부러운 이야기다.

〔이렇게 생각하면〕
이렇게 생각하면 내가 제일 행복하고
저렇게 생각하면 내가 제일 불행하네.

이제 보니 행불행이 마음속에 있는데도
괜스레 분별하여 속앓이를 하는구나.

희로애락 떠났는데 성낼 것이 어디 있고
생로병사 떠났는데 두려움이 어디 있나.
오면 오고 가면 가고 즐기기만 하면 되지.
괜스레 분별하여 속앓이할 필요 없지.

도솔천

도솔천은 지족천知足天이라고도 하는데 만족함을 아는 하늘이란 뜻이다. 연화장세계 30천 중의 하나이며, 6욕천 중에서는 4번째 하늘이다.

6욕천은 욕계에 있는 여섯 하늘이란 뜻으로 4천왕천, 도리천, 야마천, 도솔천, 화락천, 타화자재천을 말한다. 욕계에도 하늘이 여섯 개나 있으니 대단하다. 우리 같은 사람도 기대해볼 만하다.

도리천은 신라 선덕여왕이 가기를 원했던 곳이다.

도솔천은 석가와 미륵이 주로 머무는 곳으로, 항상 즐겁고 아름다우며, 수명은 인간 나이로 56억 년이다.

미륵보살은 자씨보살, 아일다보살이라고도 하는데 석가 다음에 오는 미래불이다.

원래는 석가의 형이었으나 석가가 중생제도의 서원을 먼저 내는 바람에 석가 뒤를 잇는 미래불이 되었다.

그가 중생제도를 위해 수행하는 곳이 도솔천 용화수 아래이고, 중생을 어떻게 제도할까 하고 고뇌하는 모습이 유명한 미륵반가사유상이다.

미륵의 중생 제도를 받는 데는 두 가지 방법이 있다.

하나는 미륵이 중생을 제도하려 인간 세상에 내려오실 때, 내가 그의 설법을 듣고 해탈하는 것이고, 둘은 내가 미륵이 계시는 도솔천에 올라가서, 미륵의 설법을 듣고 해탈하는 것이다.

앞의 방법을 다룬 경전이 미륵하생경과 미륵성불경이고, 뒤의 방법을 다룬 경전이 미륵상생경인데 합쳐 미륵삼부경이라 부른다.

그러나 이 두 가지 방법 모두 만만치가 않다.

미륵이 언제 인간 세상에 내려오실지를 모르는 데다, 내가 도솔천에 올라가 미륵의 설법을 듣는 것도 만만치 않기 때문이다.

그래서 많은 사람들이 죽어서라도 도솔천에 올라가기를 바란다. 곧 죽어서 도솔천에 태어나 설법 듣기를 바란다.

간혹 내가 미륵이다 하며 주장하는 이가 있는데 매우 조심스러운 면이 있다. 정말로 그가 미륵이라면 더할 나위 없이 좋겠지만 그렇지 않은 경우 허황된 외모나 교묘한 말솜씨로 사람을 현혹할 수 있기 때문이다.

그 진부는 그가 하는 행동이나 모습을 보면 알 수 있다. 순수하고 진솔하면 가능성이 있으나 허황된 자랑이나 늘어놓고 돈이나 여자를 탐하면 대부분 허구이다.

이런 사람들은 대체로 담을 쌓고 울타리를 친다. 비록 자기는 특별나고 특수하다고 말하며 신비하고 기이하게 행동하지만 이는 떳떳하지 못하기 때문이다. 진리는 광명정대해서 조금도 남다를 것이 없다.

석가가 열반하려 하시자 아난다가 물었다. "앞으로 어떻게 해야 합니까?"

석가가 대답했다. "법과 계율을 스승으로 삼으라(법계위사法戒爲師)."

이른바 최후설법이다. 법과 계율을 이야기했지 사람은 말하지 않았다. 따라서 사람에 의지해 따를 때는 매우 신중을 기해야 한다.

〔돌아갈 곳이 있어〕
돌아갈 곳이 있어 이 세상이 아름답고
돌아갈 곳이 있어 저 세상이 아름답네.
울면서 왔지마는 웃으면서 돌아가네.
육도윤회 도는 모습 장엄도 하네.

돌아갈 곳이 있어 이 세상이 아름답고
돌아갈 곳이 있어 저 세상이 아름답네.
모르고 왔지마는 알고서 돌아가네.
육도윤회 도는 모습 장엄도 하네.

2. 중생

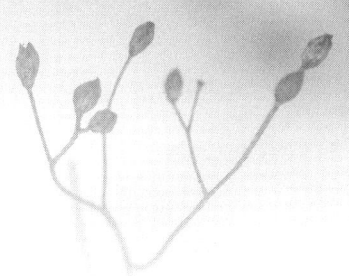

중생

깨친 사람을 부처라 하고, 못 깨친 사람을 중생이라 한다.

중생衆生이란 무슨 뜻인가? 뭉쳐서 생겨났다는 뜻이다. 곧 취집이생聚集而生이다.

무엇이 뭉쳐서 생겨났는가? 안이비설신의가 뭉쳐서 생겨난 것이다. 눈 귀 코 혀 몸 뜻이 뭉쳐서 생겨난 것이다.

이를 6근六根, 여섯 가지 감각기관이라 하는데 이들이 뭉쳐진 것을 말한다.

만약 이들이 뭉쳐지지 않으면 생명체가 될 수 없고, 생명체가 아니니 당연히 생각과 뜻이 생길 수가 없다. 그래서 중생을 유정有情, 곧 뜻이 있는 것이라고도 한다.

그러나 위의 6가지 감각기관이 모두 온전하게 갖춰질 필요는 없다. 한두 가지가 빠져도 상관없다.

곧 눈귀가 빠질 수도 있고 육신이 없을 수도 있다.

그래서 눈귀가 없는 지렁이도 중생이고, 육신이 없는 천인도 중생이며, 있는지 없는지 잘 모르지만 몸이 없는 귀신도 중생이다. 따라서 이 우주에는 수없이 많은 중생이 있다.

이 중 인간은 두 번째 중생에 속한다.

6도六道 중 위로 천天 하나가 있고, 아래로 수라 축생 아귀 지옥 넷이 있어 매우 높다.

사실 인간으로 태어난 것은 거의 기적에 가깝다. 이 광대한 시공에서 모든 것을 다 헤치고 인간으로 태어났기 때문이다.

그것은 전생에 그만큼 많이 닦았다는 뜻이고, 앞으로도 그만큼 많이 닦을 수 있다는 뜻이다.

곧 인간은 기적의 순간이고 기회의 순간이다. 이 기적을 가벼이 해서도 안 되고, 놓쳐서도 안 된다.

소중히 해야 한다. 그리고는 닦아서 단계 단계 위로 올라가야 한다. 이보다 더 중요한 일이 없다.

비록 6도 중에서는 높지만 10계 전체로 보면 중간이 되지 못하기 때문이다. 인간 위로 불, 보살, 연각, 성문, 천 다

섯이 있기 때문이다. 어쩌면 천상이 인간의 본 고향일 수도 있다.

〔오늘 아침 눈뜬 것을〕
오늘 아침 눈뜬 것을 두 손 모아 감사하고
맑은 공기 들이켠 걸 두 손 모아 감사하네.
여러 사람 모습 본 걸 두 손 모아 감사하고
아는 사람 만나본 걸 두 손 모아 감사하네.

역경은 천복이요 질병은 양념이라
내 구태여 떨치려고 애쓰지 아니하네.
그 자체가 스승이고 그 자체가 수행인걸
고즈넉이 받아들여 노력하며 나아가네.

마음 부처
절간에 있는 부처를 형상불이라 하고, 내 마음에 있는 부처를 마음의 부처 심불心佛이라 한다.
　형상불은 상징적으로 만든 부처로 부처님이 열반하시고 계시지 않자 따르던 제자들이 그를 그리워하여 그 모습을 만들어서는 모범으로 삼고 수행하며 공경해 받드는 것이다. 거기에는 부처님의 마음과 많은 사람들의 정성이 머물고 있다.

마음의 부처는 내가 마음속으로 모시는 부처이다. 이 둘은 같은 것이다. 같은 마음이기 때문이다.

우리는 어렵거나 위급하면 나도 모르게 부처님을 찾는다.

원래 부처는 모습이 없어 드러나지도 않고 보이지도 않는다. 그래서 부정되기도 하고 무시되기도 한다. 그러나 실제로 존재한다.

또 이 부처는 모든 것을 다 알고 진실해서 하지 못하는 일이 없다. 그러나 그 일하시는 모습은 드러나지 않는다. 일을 하지 않으면서 일을 하시기 때문이다.

일을 하신 흔적이 없는데 지나고 보면 일이 분명 이루어져 있다. 전혀 나타나신 적이 없는데 나중에 보면 앞에 계시는 것처럼 편안하다.

이것이 일을 하지 않으면서 일을 하시는 모습이다. 무작이작無作而作이라 한다. 불가사의하다고 한다. 오직 부처님만이 할 수 있는 능력이다.

불교를 믿든 믿지 않든 사실 모든 사람들이 이 마음의 부처를 모시고 산다.

종교가 무엇인지도 모르고, 불교가 무엇인지도 모르며, 절간이 어디 있는지도 모르지만 마음속에는 그런 고귀한 부처님을 모시고 계신다.

그리하여 남이 보든 말든 정직하고 성실하게 살며, 남이 알아주든 말든 보살피고 도와주며 살며, 남이 칭찬하든 말든 이해하고 배려하며 산다.

우리는 이런 모습을 생활 수행이라 하고 이런 사람을 생활 도인이라 한다. 우리 사회에는 생활 도인이 많다.

〔둥근 깨침 산속에〕

둥근 깨침 산속에 나무 하나 생겨서
하늘 땅 나뉘기 전 꽃을 활짝 폈구나.
흰 푸름도 아니요 그렇다고 안 검어
봄바람엔 없어요 하늘에도 없어요.

圓覺山中生一樹 開花天地未分前
원 각 산 중 생 일 수　개 화 천 지 미 분 전

非靑非白亦非黑 不在春風不在天 (석문의범)
비 청 비 백 역 비 흑　부 재 춘 풍 부 재 천

세 세계는 우물가 두레박줄 같아서
백천만겁 지나도 닳아지지 아니해.
어찌해서 이 몸을 지금 생애 안 건져
어떤 생애 또 만나 건질 텐가 이 몸을.

三界猶如汲井輪 百千萬劫歷微塵
삼 계 유 여 급 정 륜   백 천 만 겁 력 미 진

此身不向今生度 更待何生度此身 (장엄염불)
차 신 불 향 금 생 도   갱 대 하 생 도 차 신

내 탓

가끔 '나는 왜 이런가?' 하고 부모를 원망하고 사회를 원망한다.

팔자를 탓하기도 한다. 그러나 팔자 탓할 것 없다. 팔자가 좋으면 믿으면 되고, 팔자가 나쁘면 안 믿으면 된다.

또 남 탓할 것 없다. 사회 탓할 것도 없다. 모두 내 탓이기 때문이다.

사실 부모도 할 만큼 했다. 어느 부모가 자식을 버리겠는가? 나와 똑 같은 사람으로 할 만큼 한 것이 그 정도일 뿐이다. 원망할 것이 못된다.

사회도 마찬가지다. 할 만큼 했다. 어느 사회가 사람을 버리겠는가? 역시 할 만큼 한 것이 그 정도일 뿐이다. 원망할 것이 못된다.

따지고 보면 모두 내 탓이고 내 업이다. 내가 잘났다면 지금 부모 지금 사회를 만났겠는가? 내가 못났기 때문에 지금 부모 지금 사회를 만난 것이다. 전생에 닦아놓은 덕이 적기 때문에 지금 부모 지금 사회를 만난 것이다.

부모는 그냥 준비만 하고 있었다. 누가 자기와 부모자식의 인연을 맺어주기를. 내가 거기에 부응한 것뿐이다.

중생이 한 생애 도는 것을 12연기라 하는데 곧 무명, 행, 식, 명색 등 12가지를 말한다.

무명無明은 아라야식이고, 행行은 말나식이며, 식識은 의식이다. 이 셋이 모여 윤회할 마음의 준비를 하고 있다.

그러다가 내가 부모를 만나면 부모에 부응하여 윤회가 시작되는데 이를 명색名色이라 한다. 명名은 내 마음을 뜻하고, 색色은 부모를 말하는데, 이 둘이 결합된 것이 명색이다.

곧 내 마음이 부모에게 관여해서 내가 잉태된다는 말이다. 만약 내가 부모에게 관여하지 않았다면 내가 잉태되지 않는다. 내가 관여했기 때문에 내가 잉태되어 태어났다.

따라서 누구 탓도 아니다. 오직 내 탓이다.

사실 따지고 보면 누구를 탓할 겨를이 없다. 사람으로 태어난 것만도 천만다행으로 알아야 하고 기적으로 알아야 하기 때문이다.

물론 내가 천상의 남녀가 관계할 때 거기에 부응했다면 천상에 태어날 수도 있었다.

그러나 불행히도 짐승의 암수가 관계할 때 거기에 부응했다면 짐승으로 태어났을 것이고, 더 불행하여 지옥 중생의 남녀가 관계할 때 거기에 부응했다면 지옥 중생으로 태어났을 수도 있었기 때문이다.

그런 비극적인 상황은 면하고 사람으로 태어났으니 그런 복이 어디 있는가? 다소 어렵고 마음에 들지 않더라도 참고 감사하게 생각하며 도를 닦을 일이다.

장아함경은 사람으로 태어나는 것을 맹귀우목盲龜遇木에 비유한다. 눈 먼 거북이가 바다 위 나무판자를 만난다는 말이다.

바다 속에 사는 눈먼 거북이가 숨을 쉬기 위해 물위로 고개를 내밀었을 때, 마침 물위에 떠다니는 나무판자의 옹이 구멍으로 고개를 내민다는 것이다. 인간으로 태어난다는 것이 이와 같다는 것이다.

이게 확률이 있는가? 사람으로 태어나는 것이 그만큼 어려운 일이니 감사하며 살라는 뜻이다.

〔인생살이 글로 쓰면〕
인생살이 글로 쓰면 소설 세 권 모자라고
원한분한 다 풀면 수미산을 넘어가지
그렇지만 돌아보면 한바탕 웃음거리
원한분한 한탄통탄 땅을 칠 것 없다오.

인생살이 돌아보면 한심하기 짝이 없어
천 년을 산다 해도 역시나 마찬가지
고개 한 번 돌리면 누구나 신선인데
구구절절 인생살이 미련 둘 것 있나요.

공업

개인이 홀로 짓는 업을 사업私業이라 한다면, 무리가 공동으로 함께 짓는 업을 공업共業이라 할 수 있다. 말 그대로 어떤 공동체가 공동으로 짓는 업이다.

이 공업이 쌓이면 사회가 어지러워지고 혼란해지며, 심하면 서로 원수가 되어 싸우고, 더 심하면 전쟁을 일으켜 서로 죽고 죽이고 한다.

이 세상을 살아가면서 가장 중요한 사람이 누구인가? 바로 동시대 사람이다. 함께 살아가는 사람들이다. 먼 옛날 사람도 아니고 후세 사람도 아니다.

그리고 더 중요한 사람이 누구인가? 바로 옆에 있는 사람이다.

조상도 아니고 후손도 아니며 가족도 아니고 친구도 아니다. 내가 무슨 일을 당했을 때 지금 당장 나를 도와줄 수 있는 사람이 바로 옆 사람이기 때문이다.

그래서 직장에서는 동료를 중요시하고, 사회에서는 옆 사람을 배려하며, 여행길에서는 동행인을 중요시하고, 전쟁터에는 전우를 중요시한다.

그런데 이렇게 중요한 사람을 경시하거나 무시하고 심하면 이용하고 악용하는 사람이 있다.

이런 사람은 사악한 사람으로 삼악도로 떨어지거나 다음 생애에는 지금과 같이 좋은 사람을 만나지 못하고 흉한 사람을 만나 고난을 겪는다.

따라서 옆의 사람을 사랑하고 존중해야 한다. 이해하고 포용해서 도우며 함께 살아가야 한다.

자기와 다소 다르다고 해서 배척하거나 부정해서도 안 되고, 미워하거나 증오해서도 안 되며, 해치거나 다치게 해서는 더욱 안 된다.

자기의 사소한 이해관계에 얽매여 얕게 흔들려서도 안 되고, 자기의 얄팍한 식견에 치우쳐 지나치게 주장해서도 안 되며, 남이 한다고 해서 함부로 따라 해서도 안 된다.

편 가르기를 해서도 안 되고, 함부로 비난하고 비방해서도 안 되며, 함부로 막말을 해서도 안 된다. 어디 가든 광명정대하고 대장부답게 행동해야 한다.

불교의 대장부는 남자만을 가리키지 않는다. 남자든 여자든 대장부다운 사람을 대장부라 한다.

우리 사회에는 겉모습은 남자지만 속마음은 남자 축에 끼지 못하는 사람들이 많다. 사소한 이해관계로 얕게 움직이는 사람들 말이다.

신라 원효는 이렇게 경계했다.

"나는 옳고 너는 그르다고 하거나 나는 그러하나 너는 그러하지 않다고 하면, 시비가 드디어 큰 강을 이루게 된다."

한발 물러서서 반성하고 포용하면서 묵묵하게 더불어 살아갈 줄 알아야 한다.

〔이제까지 살아온 게〕
이제까지 살아온 게 내덕인 줄 알았더니
세상사람 모두모두 음양으로 도운 덕분
오늘 새삼 생각하니 고맙고도 고마워서
두 손 모아 감사하니 좋은 생애 누리소서.

도움 준 이 감사하오, 나를 살게 하셨으니
해를 준 이 감사하오, 나를 닦게 하셨으니
이 모두가 나를 위해 큰 도움을 주셨으니
복 되시고 덕 되시어 좋은 생애 누리소서.

시기심

시기심은 질투심으로 남을 시샘하는 것이다. 탐욕에서 나온다.

부처님은 이 시기심을 극도로 경계한다. 금고경은 시기

심이 많은 사람은 남자 몸을 받지 못하고 여자 몸으로 태어난다고 한다. 그러면서 변재천녀가 시기심을 버리고 남자 몸으로 변신하는 모습이 나온다.

시기심을 그렇게 경계하는 이유 중의 하나는, 그와 가장 가까이 있는 사람이 불행하게 되기 때문이다.

가장 가까이 있는 사람이 누구인가? 바로 남편이나 아내 곧 배우자나 아들딸이다. 이들이 성공하지 못하거나 실패한다.

자기를 인정해주고 북돋아주며 힘을 실어주어야 할 배우자나 부모가 시샘을 하기 때문이다.

흔히 배우자나 아들딸이 잘 되는 것을 어찌 시샘하는가? 라고 반문하는데 이는 그렇지 않다. 그렇게 말하는 것은 이론 곧 의식의 수준이다. 이론으로 봐서는 당연히 그렇다.

그러나 시기심은 이론, 곧 의식 위에 있다. 말나식 아라야식에 잠재해 있어 본성에 가깝다는 말이다. 따라서 배우자나 아들딸이 잘되는 것을 본능적으로 시샘하고 싫어한다.

그리하여 자기도 모르는 사이에 시샘하고 싫어하는 말이나 행동을 해서, 배우자나 아들딸의 기를 죽이고 사기를 꺾는다. 이런 사람이 성공할 수 있겠는가? 당연히 성공하지 못한다.

따라서 시기심이 많은 사람은 반드시 시기심을 고쳐야 한다.

특히 결혼할 때는 반드시 고쳐 없앤 후 결혼해야 한다. 그래야만 배우자나 아들딸을 불행하게 만들지 않는다.

욕심을 줄이고 배려하는 마음을 가지면 시기심은 사라진다.

〔사람 몸을 받았으니〕
사람 몸을 받았으니 받을 축복 다 받았고
옷 한 벌을 걸쳤으니 누릴 축복 다 누렸네.
이만하면 천복이지 더 바라지 아니하네.
갚아줄 것 어디 없나 이리저리 둘러보네.

부처 법을 만났으니 받을 축복 다 받았고
좋은 말씀 들었으니 누릴 축복 다 누렸네.
이만하면 천복이지 더 바라지 아니하네.
갚아줄 것 어디 없나 이리저리 둘러보네.

성냄

욕심내고 성내고 어리석은 것을 탐진치 3독이라 한다. 3가지 아주 독한 것이란 뜻으로 6가지 근본번뇌의 앞부분을 차지한다.

6가지 근본번뇌는 탐진치만의견貪瞋癡慢疑見이다.

이 중 성냄은 정도에 따라 짜증 성냄 분노 진노라고도 하는데 3독 중 가장 무섭다.

욕심이 많으면 아귀로 떨어지고, 어리석음이 많으면 축생으로 떨어지는 데 비해, 성냄이 많으면 지옥으로 떨어진다고도 하기 때문이다.

성냄을 한 번 참지 못해 순간적 충동으로 돌이킬 수 없는 죄를 저지르는 사람이 있다. 사회가 각박하고 혼탁할수록 이런 경우가 많다.

그러나 그 근본은 자기 수행이 부족하기 때문이다. 남 탓해서는 안 된다. 나중에 후회하지만 이미 늦는다. 따라서 이 성냄은 반드시 고쳐야 한다.

수행자가 한 번 성을 내면 오랫동안 수행한 것이 헛것이 된다고 한다.

그리고 상대방보다 자기가 먼저 피해를 본다. 자기의 마음이 먼저 상하는 것은 물론 심하면 몸까지 아프게 된다.

남을 미워하거나 증오하는 것도 마찬가지다. 남이 피해를 입기 전에 자기가 먼저 피해를 입어 몸까지 아프게 된다.

성냄이 일어날 때는 그것을 알아차리는 것이 가장 중요하다. 일단 알아차리기만 하면 성냄을 멈추거나 완화시킬 수 있기 때문이다.

그러나 이 알아차리기가 쉽지 않다. 따라서 평소 마음을 부드럽게 하는 연습이 중요하다. 성냄을 단번에 끊으려 하지 말고 차츰차츰 끊으려 해야 한다.

가령 자기도 모르게 성을 냈다면 "괜히 성을 냈구나." 하고 후회하며 "다음에는 성을 내지 말아야지." 하고 다짐을 한다.

그러면 성낸 것이 부끄러워지고 성내는 횟수가 차츰차츰 줄어들며, 나중에는 성을 내라고 해도 내지 않게 된다.

원효는 번뇌 중에서 성냄을 끊는 것이 가장 쉬운 번뇌라 했다. 따라서 누구나 조금만 노력하면 성냄을 끊을 수 있다.

인생사 다소 마음에 들지 않고 못마땅하며, 비록 실패하고 패배하더라도 긍정적 마음으로 부드럽게 살 일이다.

〔말 한마디 참았으니〕
말 한마디 참았으니 수행 하나 닦았고요
성냄 하나 참았으니 수행 두 개 닦았네요.
남보다는 못했지만 나름대로 잘했네요.
이러다봄 잘 하겠죠 꾸준하게 해봅니다.

싫은 소리 들었으니 업장 하나 벗었고요
싫은 모습 받았으니 업장 두 개 벗었네요.
비방이 설법이고 악담이 법문이라
거슬리며 들리는 말 감사하며 음미하네.

화병

화병은 마음의 병이다. 서양에서는 스트레스라 한다.

사람이 남과 부대끼며 사는데 스트레스를 안 받을 수가 있는가? 집에서나 직장에서나 사회에서나 어디서나.

물론 남에게 스트레스를 주어서도 안 된다. 스트레스는 넓은 의미의 살생에 해당되는 중죄이다.

그러나 더 중요한 것은 내 스스로 스트레스를 받지 않는 것이다. 남이 스트레스를 주더라도 말이다. 이를 불수不受라 한다. 받지 않는다는 뜻이다.

남이 모욕적인 말을 하면 업장 하나 벗었다고 생각하고, 남이 모욕적인 행동을 하면 과거 빚 하나 갚았다고 생각하면 된다. 그러면 화낼 일이 없어진다.

석가의 제자가 모욕되는 말을 듣고 대꾸를 했다. 그러자 석가가 말했다.

"만약 어떤 사람이 선물을 가져왔는데 내가 받지 않는다면 어떻게 되겠는가?"

제자가 대답했다. "그 사람이 되레 가져갑니다."

석가가 말했다. "모욕도 그렇다네. 내가 받지 않으면 그 사람이 되레 가져간다네."

어쨌든 스트레스가 있다면 스스로 풀어야 한다. 긍정적 마음, 이해하는 마음으로. 그리고 고마워하는 마음, 감사하는 마음으로. 살다보면 뭐 그럴 수도 있지 하는 대범한 마음으로.

문제는 선천적 스트레스 곧 선천적 화병이 있을 수 있다는 것이다.

사람에 따라서는 화병을 가지고 태어난다고 한다. 이런 화병은 한국인에게 특수하다고 말하는 사람도 있다.

가령 산모가 임신 중 스트레스를 많이 받으면 그 영향이 태아에게 미쳐 태아가 뱃속에서 화병을 가지고 태어난다는 것이다.

이 화병은 고치기가 매우 어렵다고 한다. 그래도 명상을 하거나 요가를 하거나 수행을 하거나 해서 끊어내야 한다.

어떤 이는 이 화병이 빙의의 대상이 될 수 있다고 한다.

빙의는 미련 원한 원혼 등 나쁜 기운이 붙는 것을 말한다. 따라서 화병은 어떻게든지 자기 스스로 끊어내야 한다.

고맙습니다 감사합니다 하는 긍정적 마음을 가지든지, 미안합니다 죄송합니다 하며 진심으로 참회하든지, 좋은 곳으로 가십시오 극락왕생 하십시오 하며 진심으로 축원하든지 해서 말이다. 그러면 화병이 서서히 없어진다고 한다.

〔마음 하나를 못 다스려서〕
마음 하나를 못 다스려서 이 고생을 하는구나.
순한 마음 선한 마음 다 어디 두고
타는 마음 끓는 마음만 가져 있느냐?

마음 하나를 못 다스려서 이 고생을 하는구나.
고운 마음 착한 마음 다 어디 두고
분한 마음 미운 마음만 가져 있느냐?

병

동물이나 식물이나 모든 생명체는 병이 든다. 따라서 병이 드는 것을 원망하지 말고 병을 다스리는 법을 생각해야 한다.

따지고 보면 병도 생명체다. 자기가 살기 위해 노력하는 것뿐이다. 불행히도 그 대상이 내가 된 것뿐이다. 시비할 대상이 못된다.

병은 곧 수행이다. 병을 통해 나를 돌아보고, 나를 찾고, 나를 반성한다. 병각病覺이라 할 수 있다. 병으로 깨친다는 말이다.

정신없이 살다보면 나도 잊고, 머리 위에 하늘이 있다는 것도 잊으며, 진리도 잊고, 언젠가 죽는다는 것도 잊는다. 이것을 찾게 해주는 것이 병일 수도 있다.

그렇다고 병을 너무 고마워할 필요는 없다. 괴롭기 때문이다.

병은 마음으로 어느 정도 다스릴 수 있다. 긍정적 마음으로 부드럽게 대하면 몸이 따라서 부드러워지기 때문이다.

12연기의 4번째가 명색名色인데 명이 마음이고 색이 몸이다. 곧 마음과 몸이 어우러져 내가 생겨난 것이다. 이 어우러진 것이 지속되는 것이 살아있는 것이고, 분리되는 것이 죽는 것이며, 괴리가 일어난 것이 병이다.

따라서 마음을 부드럽게 하면 몸이 따라서 부드러워진다. 아직 명색이 어우러져 조화를 이루고 있기 때문이다.

당연히 이 조화를 잘 보전하고 잘 다스려 건강하게 오래 살아야 한다. 그래야 공부도 할 수 있고 도도 닦을 수 있다.

문제는 명색에서 명과 색이 처음이자 마지막으로 분리되는 때이다. 곧 마음과 몸이 분리되는 때이다. 쉽게 말하면 죽을 때이다. 이때는 몸에 대한 미련을 끊는 것이 좋다.

몸은 지수화풍地水火風이 모인 것이다. 4대四大라 하는데 흙의 성질, 물의 성질, 불의 성질, 바람의 성질을 말한다. 요샛말로 하면 탄소 수소 질소 산소 등 각종 원소가 모인 것이다. 곧 이것이 모인 것이 탄생이고, 해체되는 것이 죽음이다.

내가 태어나기 전 나는 무엇이었는가? 이를 부모미생전

父母未生前 본래면목本來面目은 무엇이었는가 하는 것이다. 부모가 나를 낳기 전에는 나는 공이었다. 아무것도 없었다. 그러다가 여러 인연으로 인해 우연히 이루어진 것뿐이다.

죽음은 다시 그 공으로 되돌아가는 것이다. 본집으로 가는 것이다. 당연히 집착할 것도 없고 슬퍼할 것도 없다. 공에서 왔다가 다시 공으로 가는데 무엇을 집착하고 무엇을 슬퍼하는가?

공수래공수거空手來空手去라. 공에서 왔다가 공으로 간다. 빈손으로 왔다가 빈손으로 간다.

생사여일生死如一이라. 생사가 한 길이고, 하나이며, 같은 것이다.

몸에 대한 미련을 끊으면 명색이 분리되어 몸의 고통이 마음에 거의 전해지지 않는다. 따라서 몸에 대한 고통을 줄이거나 끊을 수 있다. 비록 몸은 괴로워도 마음은 편안할 수 있다.

부처님의 열반을 본다.

석가모니 부처님은 순타가 제공한 독버섯 죽을 드시고 중독되어 앓으시다가 열반하신 것으로 전해진다. 그러나 그동안 아프다는 말씀 한 번 하지 않으셨다. 또 그 와중에도 수밧다에게 마지막으로 수계를 준다.

이는 몸은 아프지만 마음은 청정하다는 뜻이다. 물론 고도의 수행자여서 그럴 수도 있겠지만 스스로 명색을 통제했다는 뜻도 된다.

〔눈이 다소 침침하니〕
눈이 다소 침침하니 가려 보기 딱히 좋고
귀가 다소 어둑하니 가려 듣기 딱히 좋네.
시시콜콜 세상만사 다 알 것이 그 뭐 있나
가끔은 눈귀 막고 마음이나 닦아야지.

몸이 다소 불편하니 가려 보기 딱히 좋고
생각 다소 어눌하니 가려 듣기 딱히 좋네.
시시콜콜 세상만사 다 알 것이 그 뭐 있나
가끔은 눈귀 막고 마음이나 닦아야지.

흉몽
흉몽으로 잠을 깰 때가 있다.

꿈은 의식의 활동이 미미할 때 나타나는데, 내용은 현

실 생활에서 오는 경우도 있고, 숙세 업에서 오는 경우도 있다.

현실 생활에서 오는 경우는 실생활에서 생각하고 고민하는 것들이 꿈에 나타나는 것으로 분별기分別起라고 한다. 일을 분별함으로서 일어나는 것이란 뜻이다.

숙세 업에서 오는 경우는 전생의 남은 기운이 나타나는 것으로 구생기俱生起라 한다. 날 때부터 생긴 것이란 뜻이다.

그러나 대부분 이 두 가지가 구분되지 않고 한데 어우러져 나타난다.

따라서 꿈은 시간과 공간의 구분이 없어 그 무대가 무한하고, 가능성 여부도 따지지 않아 실현성과 불가능성이 한데 어우러지며, 도덕과 예의범절의 구분도 없어 사람을 당황하게 만들기도 한다.

그러나 어쨌든 꿈은 나와 인연이 있어 일어나는 것이다. 따라서 가능하면 좋게 해석하고 좋게 해결하는 것이 좋다. 흉몽이라면 더욱 그렇다.

꿈에 흉한 모습이 나타나거나 흉한 일로 인해 잠을 깬다면 바로 그 자리서 참회하고 축원한다.

누운 그대로 합장하며 미안합니다, 죄송합니다 라고 하든지, 용서하십시오, 잘못했습니다 라고 하든지, 좋은 곳으로 가십시오, 극락왕생하십시오 라고 하든지, 부처님 품으로 가십시오, 성불하십시오 하는 등등 적절히 말한다.

그러면 꿈이 점점 순해지고 부드러워지며, 일 년 정도 지나면 흉몽이 사라진다.

좋고 화려한 꿈도 이와 비슷하다. 좋고 화려하다고 해서 너무 집착하고 혹해서는 안 된다. 흉몽보다는 낫지만 좋은 꿈도 결국 꿈이다.

따라서 꿈을 믿고 그대로 하거나, 꿈에 너무 큰 가치를 부여해서는 안 된다. 꿈은 뿌리가 없어 크게 믿을 것이 못 된다.

일체가 마음이라 생각하고 현실에 서서 현실에 맞게 냉철하게 판단하는 것이 좋다.

〔일체가 헛것〕
일체가 헛것인 것 이것만이 진실이니
그 무엇도 찾지 않고 그 무엇도 좇지 않네.
꿈에 조상 나타나도 좇아가지 아니하고

부처 보살 나타나도 좇아가지 아니하네.

미련 원한 생각나도 되새기지 아니하고
애정 사랑 생각나도 되새기지 아니하네.
공만이 오직 진실 이것만이 진실이니
공만을 찾아가고 공만은 좇아가네.

자살

살생은 생명체를 죽이는 것이고, 살인은 사람을 죽이는 것이다. 불교의 여러 죄 중에서 살생죄가 가장 무거운데 그 중 살인죄가 더욱 무겁다.

 살인죄는 빠져나갈 융통성이 거의 없다. 피해자가 저승에서 내가 죽으면 오기를 기다리고 있는데다가 염라대왕 시왕 등 심판자가 부하들을 데리고 내가 오기를 학수고대하고 있기 때문이다.

 이는 불교를 믿든 않든 상관없다. 사실이 그러하기 때문이다. 따라서 살인죄만은 절대로 피해야 한다.

 자살이 문제다. 자기가 자기를 죽이는 것이다. 이것도 죄인가?

죄로 보는 것이 옳다. 그것도 살인죄로 본다. 곧 자기가 자기를 죽이는 자살도 살인죄다.

만약 자살로 모든 것이 다 끝난다면 얼마나 좋겠는가? 까짓 눈 딱 감고 한번 시도해볼 수도 있을 것이다.

그러나 그렇지 않다. 자살은 결코 해결책이 되지 못한다. 일만 더 꼬이게 하고 다음 생애만 더 어렵게 한다. 자살로 모든 것이 다 끝나는 것이 아니라 새로운 윤회가 다시 시작되기 때문이다. 자살이라는 업보를 지고 다시 더 어렵게 시작된다는 말이다.

사실 세상 살면서 자살을 한 번이라도 생각해보지 않는 사람이 몇이나 되겠는가? 왕자로 태어나 아쉬울 것 없는 석가도 인생은 고苦(괴로움)라고 했다. 하물며 우리 같은 중생들이야!

따라서 어렵고 힘들더라도 참고 버티어 나갈 일이다.

가끔 사람을 자살로 모는 자가 있다.

괴롭힌다든지, 왕따를 만든다든지, 자존심을 상하게 한다든지, 빚 독촉, 법률문제 등으로 심한 심적 압박을 가한다든지 해서 사람을 죽게 하는 것 말이다. 이 사람은 당연히 살인자다.

비록 자살까지는 생각지 못했다고 하더라도, 간접적으로라도 사람을 죽게 했으니 당연히 살인자다. 불교의 살인개념은 매우 넓다. 마음을 중시하기 때문이다.

마음으로 이렇게 하면 저 사람이 괴롭고 자칫 죽을 수도 있겠구나 라고 생각하고 그렇게 해서 그 사람이 실제로 죽었다면 이는 살인죄다. 법률상 처벌을 받고 안 받고 하는 것과는 상관이 없다.

마음에 그런 생각이 있었느냐 없었느냐가 중요하기 때문이다.

없었다면 다행이지만 조금이라도 있었다면 그 생각이 아라야식에 잠겨서 다음 윤회의 씨가 되고 그 대가를 받기 때문이다.

따라서 살인은 반드시 피해야 하며 절대로 사람을 다치게 하거나 죽게 해서는 안 된다.

만약 살인죄가 있다면 반드시 이 세상에서 털고 가야 한다. 이 세상은 인간세상이라 그래도 인정이 있고 융통성이 있지만 지옥은 그런 것이 없다.

〔한세상 살다보면〕

한세상 살다보면 그럴 수도 있지요 뭐
시시콜콜 세상만사 다 잘할 수 있습니까?
때론 가끔 자빠지고 때론 가끔 엎어지지
이럴 때는 툭툭 털고 다시 하면 되지요 뭐.

한세상 살다보면 그럴 수도 있지요 뭐
시시콜콜 세상만사 다 좋을 수 있습니까?
때론 가끔 서운하고 때론 가끔 섭섭하지
이럴 때는 껄껄 웃고 다시 하면 되지요 뭐.

임종

임종이 가까우면 정신이 혼미해져 판단이 서지 않고, 시야도 누렇게 되어 분별이 잘 되지 않으며, 환영과 헛것이 보일 수도 있다고 한다.

몸과 마음이 다급하여 무엇을 생각하거나 말할 여유도 없다고 한다.

물론 평소 수행을 많이 했다면 이런 문제쯤은 스스로 해결할 것이다.

문제는 그렇지 않은 경우이다. 그래도 평소 선업을 쌓았다면 다행이겠지만 악업을 지었다면 더욱 그러할 것이다.

경전에는 선업을 쌓은 사람은 임종 시 자기의 갈 곳이 정해진 후 숨이 끊어진다고 한다. 곧 좋은 곳으로 간다는 뜻이니 편한 모습일 것이다. 물론 악업을 쌓은 사람은 그렇지 못할 것이다.

어쨌든 임종이 가까우면 우선 부처님을 찾는 것이 좋다. 석가모니불이나 아미타불 등 말이다. 만약 평소 좋아하는 보살이 있다면 그를 찾아도 된다. 관세음보살이나 지장보살 등 말이다. 경전에는 한 번이라도 부처님을 찾으면 80억 겁의 죄가 풀릴 실마리가 생긴다고 한다.

또 화두가 있다면 그 화두를 드는 것도 좋다. 이런저런 생각하지 않고 오직 화두에만 몰두한다. 그러면 다른 것이 끼어들 틈이 없다.

효봉 스님의 무無자 화두는 유명하다. 스님은 숨이 넘어가는데도 무無라! 무無라! 하면서 중얼거렸다고 한다. 아무것도 없다는 뜻이다. 그러니 그 사이에 무엇이 끼어들겠는가?

그리고 중도로 가는 것이 좋다.

너무 좋은 곳이나 너무 나쁜 곳으로 가지 않는다. 너무 화려하거나 너무 누추한 곳으로도 가지 않는다. 너무 밝은 곳이나 너무 어두운 곳으로도 가지 않는다.

중간 정도로 간다. 그러면 아무 탈이 없다.

물론 화려한 곳으로 가면 좋겠지만, 여기에는 나쁜 장난이 있을 수가 있는데 내가 그것을 판별해낼 능력이 없는 것이다. 따라서 중간 정도가 좋다.

또 무엇이 나타나도 함부로 따라가지 않는 것이 좋다. 부처나 보살이 나타나도 말이다. 역시 내가 그 진부를 판별해낼 능력이 없기 때문이다. 자기 마음을 침착하게 해서 자기 마음을 따르는 것이 좋다.

나이가 다소 있다면 자고로 언젠가는 죽는다고 생각하고 지금부터 편안히 누워서 죽거나 앉아서 죽는 연습을 하는 것이 좋다. 이른바 와탈臥脫 좌탈座脫이다.

삼국유사에는 혜공 스님이 공중에 거꾸로 떠서 죽었다고 되어 있다. 이른바 입망立亡이다.

죽음이 임박하면 일체의 미련을 버린다. 명예와 재산, 처자식까지도.

일체의 원한 분한을 버린다. 그것도 다 쓸데없는 헛것

이다.

그리고는 감사하고 고맙게 생각한다. 그래서 조용히 앉아서 조용히 간다.

〔이 몸은 사대화합〕
이 몸은 사대화합 아쉬울 것 전혀 없고
이 맘도 생각화합 아쉬울 것 전혀 없네.
천하만물 부모 삼고 세상만사 스승 삼아
생활 속에 도 닦으면 곳곳 모두 극락인걸.

이 몸은 가기 마련 아쉬울 것 전혀 없고
이 맘도 가기 마련 아쉬울 것 전혀 없네.
천하만물 부모 삼고 세상만사 스승 삼아
생활 속에 도 닦으면 곳곳 모두 극락인걸.

3. 이 치

삼계화택

중생의 특징은 6도를 윤회한다는 것이다.

6도六道는 천, 인, 수라, 축생, 아귀, 지옥을 말하는데, 앞의 셋을 삼선도라 하고 뒤의 셋을 삼악도라 한다. 6도 앞에 불, 보살, 연각, 성문 4성이 있어 합쳐 10계가 된다.

4성四聖은 업이 소멸해 윤회하지 않지만, 6도 중생은 업에 이끌려 윤회한다.

한번은 선한 일을 해서 인간으로 태어났다가, 다음에는 악한 일을 해서 축생으로 떨어지며, 그 다음에는 선한 일을 해서 인간으로 태어나서는, 더 선한 일을 해서 천상에 태어나나, 그 다음에는 더 악한 일을 해서 또 다시 축생으로 떨어진다.

이런 과정을 무한히 반복한다. 이를 멀리서 보면 이곳저

곳을 돌아다니며 갖가지 고통을 겪는 것이, 마치 불타는 이 집 저 집을 돌아다니며 살을 태우는 듯한 고통 속에서 사는 것과 같다. 이를 삼계화택三界火宅이라 한다.

욕계, 색계, 무색계가 삼계인데, 이것이 불타는 집으로 윤회의 고통을 말한다. 삼선도는 그래도 살 만하지만 삼악도는 정말 불타는 집이다. 당연히 가서는 안 되며 이것을 벗어나는 것이 해탈이다.

퇴계 선생의 시에 자명自銘이 있다. "스스로 비석에 새기다"라는 뜻인데 스스로 쓴 일종의 묘비명이다. 선생은 이 시를 쓰고 얼마 후 돌아가셨으니 불교식으로 말하면 열반송이라 할 것이다. 이 시의 끝 구절은 이렇다.

"근심 속에 즐거움이 있고, 즐거움 속에 근심이 있어. 조화를 타고 돌아가 다 없어짐이여, 다시 무엇을 구하리오!"

憂中有樂 樂中有憂 乘化歸盡 復何求兮
우중유락 낙중유우 승화귀진 부하구혜

조화造化가 무엇인지 모르지만 그것을 타고 돌아가 다 없어져서 남는 것이 아무것도 없다. 그러니 더 이상 구할 것도 없고 찾을 것도 없다.

현실의 명예나 안락은 물론이요 내세의 천당 극락 같은 것도 구하지 않는다. 그곳으로 갈 그 무엇이 없기 때문이다. 조화를 타고 돌아가 다 없어졌기 때문이다. 하물며 아귀 지옥으로 갈 그 무엇이 있겠는가?

가는 것이 없으니 당연히 오는 것도 없다. 오지도 않고 가지도 않는다. 곧 오고감이 없다. 깨침의 경지 해탈의 경지라 할 것이다.

어떻게 해서 이런 경지에 이르렀는가? 근심과 즐거움을 구분하지 않고 함께 보기 때문이다. 희로애락애오욕을 다 뛰어넘었기 때문이다.

가난한 집안에 태어나 결혼해서 어렵게 살면서도 이런 경지에 이르렀으니 경외스러울 뿐이다. 우리 같은 사람도 한번 새겨볼 만하다.

〔성주괴공 도는 우주〕
성주괴공 도는 우주 막을 거야 그 뭐 있나
제 구태여 돌겠다면 도는 대로 놔둘 밖에

그렇지만 이내 몸은 따라 돌고 싶지 않아
멀찌감치 비켜서서 도는 모습 구경할 뿐

육도윤회 도는 중생 막을 거야 그 뭐 있나
제 구태여 돌겠다면 도는 대로 놔둘 밖에
그렇지만 이내 몸은 따라 돌고 싶지 않아
멀찌감치 비켜서서 도는 모습 구경할 뿐

개유불성

사람은 분명히 도를 닦는다.
 그러면 개나 짐승도 도를 닦는가? 닦는다.
 그러면 나무나 풀도 도를 닦는가? 닦는다.
 이를 개유불성皆有佛性, 실유불성悉有佛性이라 한다. 삼라만상 일체 만물에 도의 마음(도심) 곧 불성이 있다.
 사람이건 물건이건 동물이건 식물이건 그 무엇이건 이 세상에 존재한다면 그들 속에는 이 우주 삼라만상의 진리가 조금이라도 들어있을 것이다. 이 세상에 존재하는데 이 세상 진리가 조금도 들어있지 않다는 것은 불가능하다.
 나한데 들어있는 그것을 마음이라 하고 우주에 들어있는

그것을 달마, 담마라 한다. 달마는 산스크리트어이고 담마는 빨리어인데 똑같은 말로 공의 뜻이다.

나한데 들어있는 공을 밝히는 것이 자등명自燈明이고 우주에 들어있는 공을 밝히는 것이 법등명法燈明이다. 곧 나의 등불을 밝히는 것이 우주의 등불을 밝히는 것이 된다.

사람들이 자기의 등불을 밝히기 위해 도를 닦듯이 개 소 말 등 짐승도 분명히 도를 닦는다. 짐승도 다른 짐승의 어려움을 도와준다. 강한 짐승이라고 해서 약한 짐승을 함부로 해치지 않는다. 꼭 필요할 때만 해친다.

나무도 마찬가지다. 오래된 나무는 특히 그렇다. 분명히 도를 닦는다.

오래된 나무가 수명이 다해 넘어질 때 사람을 다치게 하는 예는 거의 없다. 모두 도를 닦기 때문이다.

단지 사람에 따라 그들이 도를 닦는 모습이 보이고 보이지 않는 것뿐이다. 자기 눈에 보이지 않는다고 해서 그들이 도를 닦지 않는 것이 아니다. 탐욕에 물들어 자기의 눈이 혼탁해졌을 뿐이다.

따라서 동물을 함부로 죽여서도 안 되고, 나무를 함부로 베어서도 안 된다. 특히 재미로 동물을 죽여서는 안 된다.

재미로 동물은 죽이는 것은 재미로 살생을 즐기는 것이다.

오래된 나무를 함부로 베는 것은 수십 년 수백 년 된 수행자를 베는 것이다.

그들을 죽이거나 벨 때는 반드시 어쩔 수 없이 하는 일이니 미안해하고 용서해 달라고 말해야 하고, 이제까지 고마웠고 감사했다고 말해야 하며, 좋은 곳에 가서 다시 태어나 잘 살라고 말해야 한다. 그들도 생명체라 윤회하기 때문이다.

〔한 생각도 일찍이〕
한 생각도 일찍이 길지 늘지 않았고
긴긴 세월 똑같아 짧지 줄지 않았어.
온 우주를 헤매어 부처되길 바라나
몸과 마음 예부터 부처였음 모른 것. (해인삼매론 참조)

삶 죽음과 벗어남 자유자재 하시고
연꽃 세계 가서 남 자유자재 하시고
우리 세계 다시 옴 자유자재 하시고
모든 세계 생활함 자유자재 하시오.

번뇌

번뇌는 번거롭다는 뜻으로 괴로움의 근본이 된다.

이의 구분에는 숫자로 구분하는 것과 내용으로 구분하는 것 등 여러 가지가 있다.

먼저 숫자를 본다. 그러면 98번뇌 104번뇌 108번뇌 128번뇌 등이 있으나 108번뇌가 유명하다.

108은 숫자라기보다는 많음을 뜻하는 상징어다. 그 설명에도 여러 가지가 있으나 그중 하나를 본다.

곧 우리 몸에는 안이비설신의眼耳鼻舌身意 6가지 감각기관(6근)이 있는데, 이 감각기관은 좋다, 나쁘다, 좋지도 않고 나쁘지도 않다로 감각하여, 즐겁다, 괴롭다, 즐겁지도 않고 괴롭지도 않다로 판별한다. 곧 6가지가 된다.

또 6가지는 과거, 현재, 미래, 곧 3세에 공통으로 적용된다.

따라서 6가지 감각기관, 6가지 판별, 3세를 모두 곱하면 108이 된다. 어쨌든 번뇌가 많다는 뜻이다.

내용으로 구분하는 것은 8식八識이 유명하다.

안이비설신의 6가지를 6근(6식)이라 한다. 이 중 앞의 5가지를 합쳐서 5식이라 하고, 뒤의 의(의식) 하나를 6식이라 한다.

또 의식 위에 있는 말나식을 7식이라 하고, 말나식 위에 있는 아라야식을 8식이라 하는데, 모두를 합쳐 8식이라 하기도 한다.

의식(6식)의 본질은 탐욕인데 이는 탐진치만의견貪瞋癡慢疑見 6가지로 세분된다.

곧 탐냄, 성냄, 어리석음, 교만함(게으름), 의심함, 그릇된 견해로 6가지 근본번뇌라 하며 우리 인간의 가장 근본 되는 번뇌를 뜻한다.

말나식(7식)의 본질은 나(我)라는 것인데 이는 내 몸을 사랑하는 것, 내 견해를 사랑하는 것 등 4가지가 있어 4아四我라 한다.

아라야식(8식)의 본질은 마음의 움직임인데 이를 무명無明이라 한다.

곧 무명은 마음이 최초로 움직이는 것으로 만약 무명이 일어나지 않으면 그 아래 아무것도 일어나지 않는다.

따라서 무명을 끊는 것이 수행의 최종 목표가 되는데 그만큼 어렵고 힘들다. 이 무명을 끊으면 곧 부처가 된다. 의상대사는 법성게에서 이렇게 말한다.

"예로부터 움직이지 않는 것을 부처라 한다."

여기서 움직이지 않은 것은 당연히 마음이 움직이지 않는 것이다. 만약 마음이 움직이면, 그 다음으로 나(아)라는 것이 형성된다. 곧 내 몸, 내 목숨, 내 마음, 내 생각이라는 것이 생긴다.

그리고는 이것을 유지하고 지키기 위해 욕심내고 성내고 어리석게 되며, 심하면 살생하고 도둑질하고 음탕하게 된다. 그러고는 자칫 3악도에 떨어지며 6도를 윤회한다.

〔생로병사 도는 고통〕
생로병사 도는 고통 부처님도 겪었는데
무명 따라 도는 중생 어찌 아니 겪겠는가?
이 고통 무엇이요? 원효대사 이르시길
흩어짐이 고통이나 두려움은 없습니다.

생로병사 도는 고통 부처님도 겪었는데
무명 따라 도는 중생 어찌 아니 겪겠는가?
이 고통 무엇이요? 원효대사 이르시길
그 고통이 바로 도道라 구분할 것 없습니다.

죄업

업業은 인도 말로 갈마인데 일체 행위를 말한다.

이 중 선한 일이 선업이고, 악한 일이 악업이며, 죄가 되는 일이 죄업이다.

선업은 이야기할 것이 없다. 좋은 일이기 때문이다.

악업은 지어서는 안 되는 일이다. 다음 생애에 그 대가를 받기 때문이다.

죄업은 반드시 죄 값을 치러야 하는 업이다. 여기에는 7악, 10악 등이 있다.

7악은 살생, 투도, 사음과 망어, 기어, 양설, 악구를 말하는데 여기에 탐진치貪瞋癡 삼독을 더하면 10악이 된다.

살생은 죽이는 것이고, 투도는 도둑질하는 것이며, 사음은 음란한 것이다.

망어는 거짓말하는 것이고, 기어는 교묘히 속이거나 헤치는 것이며, 양설은 이간질하는 것이고, 악구는 악담하는 것이다.

살생, 투도, 사음은 몸으로 짓는 3가지라 신삼身三이라 하고, 망어, 기어, 양설, 악구는 입으로 짓는 4가지라 구사口四라 한다. 입으로 짓는 업이 몸으로 짓는 업보다 더 많다.

말은 비수다. 한번 꽂히면 점점 파고들어 좀체 줄어들지 않는다. 마음에 상처를 주기 때문이다. 따라서 말은 극히 조심해야 한다.

망어는 거짓말은 물론 남을 속이거나 사기 치는 것도 포함된다. 중상모략 무고도 포함된다. 말로 위협하거나 협박하는 것은 살생에 해당되는 중죄이다.

기어는 비단같이 말을 잘해서 교묘하게 속이거나 해치는 것인데, 겉과 속이 다른 사람, 본심을 숨기고 교묘한 미사여구를 늘어놓는 사람이 여기에 포함된다.

악구는 막말 악담하는 것인데 악담을 하면 내 입이 먼저 더러워진다. "입에 피를 물고 남에게 뿜으려면 내 입이 먼저 더러워져야 한다."는 말이 있다.

양설은 혀가 두 개이니 이간질을 비유한다. 여기서는 이렇게 말하고 저기서는 저렇게 말하거나 자기의 이해관계에 따라 요리조리 달리 말하는 것이다.

가끔 뱀의 혀가 갈라졌다고 해서 양설을 뱀에 비유하는데 뱀 탓할 것 없다. 뱀은 나름대로 적절하게 진화한 것이다. 인간이 시비할 대상이 못된다. 사람이면서 뱀보다도 혀가 더 많이 갈라진 사람들이 있다.

7악의 죄업은 반드시 벗어야 한다. 다음에 삼악도에 떨어지기 때문이다.

그리고 반드시 자기 스스로 벗어야 한다. 남이 벗겨주지 못한다. 부처님도 남의 죄업을 벗겨주지 못한다.

부처님은 단지 아무리 큰 죄업이라도 희망을 잃지 않고 벗어나는 길을 가르쳐줘, 스스로 벗어나는 데 도움을 주고 인도해줄 뿐이다.

부처님도 자기 죄업을 벗기 위해 수없이 많은 윤회를 하면서 수없이 많은 고통을 겪었다. 그래서 그의 전생담이 547개나 된다. 이것 모두 죄업을 벗는 과정이다.

또 자기의 아끼는 제자 목련존자가 숙세의 업으로 인해 피살되는 고통을 겪는데도 구해주지 아니했다. 자기 죄업은 자기 스스로 해결해야 하기 때문이다.

따라서 죄업은 결코 지어서는 안 된다. 그리고 그 죄업은 반드시 벗어야 한다.

그 벗는 방법으로는 참회가 유일하다. 이 이외의 방법은 없다.

〔십악죄는 무서운 죄〕

십악 죄는 무서운 죄 좋은 뿌리 끊어지고
업보는 필연이라 세상 세상 이어지지.
지옥에선 하루 낮밤 팔만 사천 나고 죽어
진심으로 참회해서 모든 업장 벗어나야.

천년만년 묵은 죄도 천길만길 쌓인 죄도
한 생각에 끊으면은 자취 없이 사라지네.
마른 풀이 봄날에는 확 타버려 없어지듯
모든 죄도 확 타버려 흔적 없이 사라지네.

오온

우리 눈은 세상의 모든 색깔을 받아들여, 모습을 나타낸다.

곧 색깔이 눈동자를 통해 들어오면, 망막에 그 모습이 나타난다.

이를 색수상色受想이라 하는데 색色이 색깔이고, 수受가 색깔을 받아들이는 것이며, 상想이 그 모습을 맺는 것이다. 이는 본능적이다.

그러나 정작 "오면서 무엇을 보았습니까?"라고 물으면

대부분 대답을 못한다. 분명히 눈을 뜨고 왔는데도 기억나는 것이 없기 때문이다.

그러나 오는 도중 길거리에 돈이 떨어져 있으면 금방 알아본다. 그리고는 주울까 말까 하고 망설이며 혹시 보는 사람 없나 하고 주변을 휘 둘러본다. 이는 돈이 좋은 것이기 때문이다.

개똥도 마찬가지다. 금방 알아본다. 그리고는 피한다. 이는 개똥이 싫은 것이기 때문이다.

또 수많은 사람들 중에서 좋아하는 사람이 있으면 금방 알아보고 아는 체 하지만, 싫어하는 사람이 있으면 금방 알아보고 슬그머니 피한다.

그 이외의 것 가령 사람 건물 나무 자동차 보도블록 휴지 같은 것은 하나도 알아보지 못한다. 모두 눈에 들어오지만 전혀 인식하지 못하는 것이다.

이 금방 알아보는 작용을 마음의 움직임, 행行이라 하고, 이후에 아는 체 하거나 피하는 작용을 의식, 간단히 식識이라 한다.

앞서 말한 색수상에 행과 식을 더하면 5온五蘊이 된다. 곧 색수상행식色受想行識으로 다섯 단계라는 뜻이다. 온蘊이 단계라는 뜻이기 때문이다.

문제는 이 마음의 움직임 곧 행이 의식(식)보다 앞서 있다는 것이다.

곧 의식은 말 그대로 의식적인데 비해, 마음의 움직임은 본능적이고 선천적이며 습관적이라는 말이다.

숙세에서 익혀진 것으로 현실에서 생각하는 의식과는 차원을 달리해 항상 의식 앞에 있다. 따라서 원칙적으로 의식이 통제하지 못한다.

또 그 속성은 좋아하고 좋아하지 않는 것으로, 좋아하는 것은 좇아가고, 좋아하지 않는 것은 좇아가지 않는다는 것이다. 그래서 앞서 좋아하는 사람은 아는 체 했고, 싫어하는 사람은 피했다.

이 마음의 움직임(행)은 사람이 죽어도 없어지지 않고 홀로 남아서 홀로 간다.

색수상행식에서 사람이 죽으면 다른 것은 모두 없어진다. 색깔을 받아들이는 것도 없어지고, 모습을 맺는 것도 없어지며, 인식하는 것도 없어진다. 사람이 죽었는데 무엇을 보고 무엇을 느끼는가? 다 없어진다. 그러나 이 행行만은 없어지지 않는다. 그리고는 혼자 간다.

우리가 죽은 사람을 보고 "잘 가십시오, 좋은 곳으로 가십시오, 극락왕생 하십시오." 하며 명복을 빌 때 사실은 이 행을 보고 비는 것이다.

평소 선한 행동을 한 사람은 반드시 선한 곳으로 가고, 악한 행동을 한 사람은 반드시 악한 곳으로 간다고 하는 것도, 이 행이 자기가 좋아하는 곳으로만 가기 때문이다. 그래서 선한 사람은 반드시 선한 곳으로 가고 악한 사람은 반드시 악한 곳으로 간다.

물론 살아있을 때는 아무런 문제가 없다. 의식이 행을 통제해서 다스리기 때문이다. 따라서 아무리 악한 사람이라도 살아서는 선한 체 할 수 있고, 선한 것처럼 살 수도 있다.

그러나 죽으면 사정이 달라진다. 행을 통제하는 의식이 없어지기 때문이다. 이때는 행이 제 마음대로 간다. 제 멋대로 간다. 제가 가고 싶은 곳으로, 제가 좋아하는 곳으로 간다. 곧 선한 사람은 선한 곳으로 가고, 악한 사람은 악한 곳으로 간다.

이는 피할 수가 없다. 그래서 인과역연이라 하고 "자기 양심은 못 속인다."고 한다.

당연히 이 행을 그냥 두어서는 안 된다. 평소 선한 행동을 한 사람이라면 모르겠지만, 악한 행동을 한 사람이라면 더욱 그렇다.

만약 그냥 두면 자기가 좋아하는 곳인 악한 곳으로 틀림없이 가기 때문이다. 그곳이 어디인가? 바로 축생 아귀 지옥으로 이른바 삼악도다.

당연히 이것을 뜯어 고쳐야 한다. 이것이 참회와 수행이다.

물론 이전에 평소 선한 행동을 하는 것이 가장 중요하다. 모든 것은 치료보다 예방이 중요하지 않은가?

〔사람이 무지하여〕
사람이 무지하여 아는 것이 없는 터라
숙세에 지은 업이 있는지를 모릅니다.
오늘 문득 생각하니 있는 것도 같으므로
두 손 모아 참회하니 너그러이 용서하사.

숙세에 지은 업이 하늘보다 크다 해도
부처님 가피 입어 내 기필코 벗으리라.
숙세 물든 몸이라서 정갈하진 못하지만

그래도 참회하며 부처님께 나아가네.

팔식

사람이 살다보면 실수를 할 때도 있고, 어쩌다 잘못을 저지를 수도 있다.

그런데 어쩌다 한두 번 실수한 것 보고 "너는 구제불능이다. 이 다음에 틀림없이 삼악도로 떨어진다." 하며 발로 탁 차버린다면 너무 가혹하지 않은가?

또 이는 석가의 대자대비와도 어긋난다. 석가가 누구인가? 모든 사람을 고통으로부터 구제하겠다는 서원을 세운 사람 아닌가? 생사의 윤회를 벗어나 해탈케 하는 것이 그의 목표다.

그래서 석가는 그 방법을 탐구하기 시작했다. 곧 죽어도 없어지지 않고 어디론가 가는 행行을 분석하기 시작했다. 이것이 윤회의 씨가 된다고 생각했기 때문이다.

그래서 행을 분석해보니 그 행 안에 또 무엇이 있었다. 그렇지만 무엇이라고 딱 집어서 말할 수도 없고, 무엇이라고 잘 밝힐 수도 없으며, 잘 설명할 수도 없었다.

그래서 이를 무명無明이라 했다. 잘 밝힐 수 없는 것, 잘 설명할 수 없는 것, 밝지 못한 것이란 뜻이다. 이제 보니 이 무명이 행과 어우러져 윤회의 씨가 되는 것이었다.

마치 밤송이에 알밤이 있는 것과 같았다. 밤송이를 의식이라 한다면, 그 안에 있는 알밤이 행과 무명이 되는 것이었다. 곧 알밤의 껍질이 행이 되고, 알밤 안의 과육이 무명이 되는 것이었다.

밤 껍질과 밤 과육이 합쳐 알밤이 되어서는 밤나무의 씨가 되듯이, 행과 무명이 합쳐 윤회의 씨가 되는 것이었다.

따라서 알밤을 깨트려야만 밤나무가 생겨나지 않듯이, 행과 무명을 깨트려야만 윤회가 끝나는 것이었다. 이 논리를 체계화해서 다시 이름을 붙였다.

곧 의식은 그대로 의식이라 하고 6식이라 했다. 우리가 흔히 말하는 의식이 그것이다.

행은 말나식이라 하고 7식이라 했는데, 말나는 인도 말이다. 우리말로는 헤아린다, 사량한다는 뜻이다. 이는 의식 속에 잠재해 있어 의식이 활동하면 원칙적으로 활동하지 않는다. 의식이 활동을 멈춰야 활동한다.

무명은 아라야식이라 하고 8식이라 했는데, 아라야식 역시 인도 말이다. 우리말로는 본질, 바탕 등 여러 가지 뜻이 있다. 이것 역시 말나 속에 잠재해 있어서 말나가 활동하면 원칙적으로 활동하지 않는다. 말나가 활동을 멈춰야 활동한다.

그리고 안이비설신 5가지를 통틀어 5식이라 하는데 여기에 앞의 3가지를 합치면 8식이 된다.

식識은 우리말로 "가리새"로서 일의 조리나 갈피를 말하는데 가리다, 분별하다의 뜻이다.

어쨌든 윤회의 근본인 아라야식을 뜯어고쳐야 한다. 아라야식의 버릇이나 성질을 뜯어고치면 다른 것으로 태어날 수 있다. 곧 아무리 악한 사람도 천상에 태어날 수 있고, 짐승도 사람으로 태어날 수 있다.

또 아라야식의 활동을 멈추면 윤회가 멈춰지며, 아라야식의 활동을 없애면 윤회 자체가 없어진다. 곧 해탈로 수행의 최종 목표가 된다.

그러기 위해서는 6식을 잠재워야 한다. 6식을 잠재워야 그 속에 있는 7식이 드러나며, 7식을 잠재워야 그 속에 있는 8식이 드러난다. 그리고는 이를 없앤다. 이때 목숨을 건 수행이 필요하다.

가끔 우리는 전생을 궁금해 한다. 물론 대부분 모른다.

그 모르는 이유를 밤송이로 설명할 수 있다.

알밤은 평소 밤송이가 한 일을 모른다. 밤송이는 자라면서 햇빛도 받고 비바람도 맞았으며 벌레의 공격도 받고 온갖 궂은일도 겪었다.

그런데도 알밤은 그것을 모른다. 밤송이에 싸여 밤송이가 제공하는 자양분만 먹고 자랐을 뿐이다. 밤송이가 좋은 것을 주면 좋은 대로 먹고 자랐고, 나쁜 것을 주면 나쁜 대로 먹고 자라서 알밤이 되었을 뿐이다.

우리 사람도 마찬가지다. 전생을 모른다. 곧 전생에 의식이 한 일을 모른다. 단지 의식이 한 좋고 나쁜 것만 받고 자랐을 뿐이다.

그러나 부처가 되면 알 수 있다고 한다. 어쩌면 알 필요도 없다. 대부분 유쾌하지 못한 과거이기 때문이다. 그러니 구태여 떠올릴 필요가 있겠는가? 앞으로 나아가는 것이 중요하지.

〈8식八識 정리〉

무명--8식--아라야식--본식本識

행---7식---말나식---사량식思量識

식---6식---의식意識

5식---안이비설신眼耳鼻舌身

〔일체 모든 세상은〕

일체 모든 세상은 오직 맘이 지은 것

일체 모든 세계도 오직 맘이 지은 것

마음 만약 생기면 모든 것이 생기고

마음 만약 없으면 모든 것이 없어져.

삶 죽음과 벗어남 자유자재 하시고

연꽃 세계 가서 남 자유자재 하시고

우리 세계 다시 옴 자유자재 하시고

모든 세계 생활함 자유자재 하시오.

사각

깨끗한 거울이 있다. 이 거울에 때가 묻었다. 그래서 때를 닦기 시작했다.

 그러나 워낙 찌든 때라 열심히 닦았는데도 잘 닦이지 않았다. 마치 닦지 않은 것과 같았다. 이를 불각, 못 깨침이라 한다.

 그래도 실망하지 않고 계속 닦았다. 그랬더니 조금 닦였다. 어슴푸레하나마 거울의 모습이 드러났다. 이를 상사각, 비슷한 깨침이라 한다.

 그래도 계속해서 닦았다. 그랬더니 제법 거울의 모습이 나타나고 어떤 곳은 부분적이나마 깨끗이 닦였다. 이를 수분각, 부분적 깨침이라 한다.

 계속해서 더 닦았더니 드디어 거울이 비로소 깨끗해졌다. 마치 처음 때가 묻지 않은 것과 같았다. 이를 구경각, 끝까지 깨침이라 한다.

 위의 4가지를 합쳐 4각四覺이라 한다.

 이 구경각은 비로소 처음으로 깨끗해진 것이니 곧 시각始覺, 처음 깨침이다. 따라서 구경각은 시각과 같은 뜻이다.

 사실 이 처음으로 깨끗한 것도 본 바탕은 깨끗했던 것이다. 본래 깨끗했던 것이 잠시 때가 묻었을 뿐이다. 이를 본각本覺, 본래 깨침이라 한다. 따라서 결국 구경각, 시각, 본각은 같은 뜻이다.

 우리 마음도 이와 같다.

 본디 깨끗하다. 그런데 때(번뇌)가 묻어 더러워졌다. 이를 닦기 시작했다. 그랬더니 위와 같이 4단계를 거쳐 결국 다시 깨끗해졌다.

중생은 마음의 때가 있는 것이고, 부처는 마음의 때가 없는 것인데, 때를 벗기고 나니 결국 둘이 똑 같아졌다.

이를 "중생이 부처이고, 부처가 중생이다."라고 하는 것이다. 나아가 "내가 부처다."라고 하는 것이다.

그 바탕은 똑 같다는 것으로, 중생의 마음이 부처라는 뜻이다.

〔어둠 속 길을 잃고〕
어둠 속 길을 잃고 사방천지 헤매누나.
이 어둠 무엇이요? 원효대사 이르시길
삼계는 유심이요 만법은 유식이라
곳곳이 밝음인데 어두움이 어디 있소?

모두들 잘났는데 나만 어이 못났는가?
내 팔자 왜 이렇소? 원효대사 이르시길
삼계는 유심이요 만법은 유식이라
생각 한 번 바꾸면은 내 팔자도 상팔자요.

일체종지

일체종지란 말이 있다. 한자로는 一切種知, 一切種智라 쓰는데 끝 글자 지知와 지智가 다르다. 일체 지식, 일체 지혜라 할 수 있다.

일체 지식(知)은 일체 모든 것을 다 아는 지식으로 부처님의 지식을 말하며, 일체 지혜(智)는 일체 모든 것을 다 아는 지혜로 역시 부처님의 지혜를 말한다.

지식知識은 사람이 한세상 살아나가는 데 필요한 정보이다. 따라서 이를 얻으려면 책을 보거나 공부를 하거나 강의를 들으면 된다.

지혜智慧는 이 지식을 슬기롭게 활용하는 것이고, 지금 생애뿐만 아니라 다음 생애까지 생각하는 안목이다. 따라서 이를 얻으려면 생과 사를 사색하는 마음공부를 해야 한다.

이 둘은 서로 돕는 관계다. 지식도 지혜에 도움을 주고 지혜도 지식에 도움을 준다. 지식에 사색과 수행이 더해지면 지혜가 생긴다고 할 수 있다.

지식은 물질에 대한 견해가 강해, 후천적이며, 선악이 있어, 악행을 저지를 수 있지만, 지혜는 마음에 대한 견해가 강해, 선천적이며, 선만 있어, 악행을 저지르지 않는다.

또 이들 모두 후천적으로 길러질 수 있다. 따라서 이 둘을 함께 기르는 것이 좋다. 지식만 있고 지혜가 없으면 똑똑하나 위태로울 수 있고, 지혜만 있고 지식이 없으면 현명하나 세상물정에 어두울 수 있다.

석가는 29세에 출가했는데 평소 학구열이 매우 강했다.

출가하기 전 읽을 수 있는 책들은 다 읽었고, 만날 수 있는 선지식은 다 만났다. 그런데도 자기의 궁극적 문제가 풀리지 않았다.

그래서 출가를 결심했고 출가 6년 만에 모든 문제를 스스로 다 해결했다. 곧 모든 지식을 지혜로 다 바꾸었다. 이 지식과 지혜를 가지고 45년간 줄기차게 설법했다.

그는 막히거나 걸림이 없었다. 상대의 근기(수준)에 따라 갖가지 방법으로 적절하게 설법했기 때문이다. 그 기록이 바로 방대한 대장경이다. 이 모두가 일체 지식, 일체 지혜 덕분이다.

수행자는 끝까지 공부해야 한다. 읽을 수 있는 데까지 읽고, 들을 수 있는 데까지 들어야 한다. 그런 뒤 공부를 놓고 수행에 전념해야 한다. 그러면 일체 지식이 일체 지혜로 바뀐다.

 이런 사람은 문자文字에 자재自在하다. 어떤 문장이 와도 다 이해하며, 다 알아듣게 이야기하고, 다 소통하게 이야기한다.

 문자를 세우지 않는 것이 아니라, 모든 문자를 통달해 부처님의 뜻을 전달한다. 이것이 진정한 의미의 불립문자不立文字이다.

 크게 공부하고 크게 놓아 크게 깨쳐야 한다. 석가의 공부방법이 그러했고 원효의 공부방법이 그러했으며 근래 성철 스님의 공부방법이 그러했다.

〔중생을 멀리 말라〕
중생을 멀리 말라 부처를 찾지 말라.
중생이 부처이고 부처가 중생이니
중생은 단 한 번도 변하지 아니했고
부처도 단 한 번도 변하지 아니했네.
깨치면 하나요 못 깨치면 둘이라.

중생을 멀리하라 부처를 찾아내라.

중생은 중생이고 부처는 부처이니

중생은 단 한 번도 멈추지 아니했고

부처도 단 한 번도 멈추지 아니했네.

깨치면 하나요 못 깨치면 둘이라.

공의 뜻

공空은 텅 빈 것으로 어떤 모습을 뜻하는 말이 아니다. 조용하고 고요하며 한결같고 평등한 현상을 말한다. 어떤 기복도 없다.

정해진 모습이 없어 정해진 설명이 없다. 어쩌면 설명하는 것이 불가능할지도 모른다.

공이라는 말도 억지로 지은 말이다. 원래는 그것을 표현하는 용어가 없다.

그래도 공이라 이름 붙여 그것을 설명하는 것은 그렇게 해서라도 알아들으라는 뜻이다. 그렇게라도 하지 않으면 그것마저 알아듣지 못하기 때문이다.

곧 말할 수 없는 것(불가설)을 말하는 것(가설)이다. 따라서 공에 대한 모든 설명은 모두 방편이다. 진실이 못된다. 그 진실은 설명할 수 없다.

서산대사는 이렇게 말한다.

"석가도 오히려 알지 못했는데,
가섭이 어찌 전할 수 있겠는가?"

釋迦猶未會 迦葉豈能傳 (선가귀감)
석 가 유 미 회 가 섭 기 능 전

곧 설명할 수도 전할 수도 없다는 뜻이다. 또 노자 도덕경의 첫 구절은 이렇다.

"도를 도라 할 수 있지만, 항상한 도는 아니며,
이름을 이름이라 할 수 있지만, 항상한 이름은 아니다."

道可道非常道 名可名非常名
도 가 도 비 상 도 명 가 명 비 상 명

여기서 항상하다는 것은 절대적이다, 불변이다 라는 뜻이다. 도를 도라고 했지만 절대적인 표현이 못 된다는 뜻이다. 비록 말을 했지만 사실은 말할 수가 없다는 것과 같다. 곧 앞서 말한 말할 수 없는 것(불가설)을 말하는 것(가설)이다와 같은 뜻이다.

공의 빛깔도 마찬가지다. 정해진 빛깔이 없어 정해진 설명이 없다. 설명하는 것이 불가능할지도 모른다. 각자 나름대로 이야기하는 것뿐이다.

그래서 어떤 사람은 밝다고 하고, 어떤 사람은 검다고 하며, 어떤 사람은 누르다고 하고, 어떤 사람은 푸르다고 한다. 각자 자기가 본 견해를 말하는 것이므로 옳다 그러다는 말은 용인되지 않는다.

이 공의 표현도 제각각이다.

대체로 공이라 하나 불성, 법성, 진여, 진실, 실제, 중도, 여여 등등으로 말하기도 한다. 모두 똑 같은 뜻이다. 자기의 입장에서 본 견해를 말하는 것이다.

이 공은 누가 만든 것도 아니고 어디서 온 것도 아니다.

원래부터 그러한 것이다. 물론 원래부터 그러다는 뜻도 잘 이해되지 않는다.

또 원래부터 왜 그러했는지도 모른다. 오직 부처만이 안다고 한다. 따라서 일반 사람들은 그냥 짐작해볼 뿐이다.

공은 만물이 시작되는 기점이다.

처음도 없고 끝도 없다(무시무종). 늘지도 않고 줄지도 않는다(부증불감). 물들지도 않고 깨끗하지도 않다(불구부정). 항상 그대로다. 이를 여여如如라 한다. 있는 그대로라는 뜻이다. 물론 이 뜻도 잘 이해되지 않는다. 그냥 그렇게 알 뿐이다.

공은 모습이 없으므로 내가 공에 들어갈 수는 있어도 공에 머물 수는 없다. 모습이 없어 머물 곳이 없기 때문이다.

또 공은 모습이 없으므로 내가 취할 수가 없다. 취할 그 무엇이 없기 때문이다. 내가 공에 들어가면 공과 동화되어 한 몸이 되는 것뿐이다.

원효는 보살계본지범요기에서 이렇게 말한다.

"있다는 집착을 없애기 위해 여래는 공空을 이야기한다.
만약 사람이 공에 집착한다면 모든 부처는 가르치지 아니한다."

곧 공에 집착하면 더 이상 가르치지 못한다는 뜻이다.

〔무명의 화려함이여〕
무명의 화려함이여 무명의 허무함이여

무명의 장엄함이여 무명의 서글픔이여
진여의 담백함이여 진여의 소슬함이여
진여의 순수함이여 진여의 적적함이여

이 둘을 아우르지 못해 번민함이여
이 둘을 아우르지 못해 고뇌함이여
이 둘을 아울러서 자유자재 함이여
이 둘을 아울러서 거리낌 없음이여.

공에 들기

공을 이해하는 것을 반야(지혜)라 하고, 공을 닦는 것을 수행이라 하며, 공을 터득하는 것을 보리(깨침)라 하고, 공에 들어가는 것을 해탈이라 하며, 공과 동화되어 한몸이 된 것을 열반이라 하고, 이를 자유로이 하는 사람을 부처라 한다.

 공에 들어가면 무엇이 좋은가?

 공에 들면 모든 이론과 지식이 지혜로 승화된다. 모든 지혜가 공과 같아진다.

 따라서 공과 현실을 아우를 수 있어, 아울러 이야기할 수도 있으며, 아울러 생활할 수도 있다.

모든 것을 허상으로 볼 수도 있고 실상으로 볼 수도 있으며, 이 둘을 구분하지 않고 함께 볼 수도 있다. 곧 우주 삼라만상 일체를 헛것으로 볼 수도 있고 진실로 볼 수도 있다.

이름 있는 것, 모습 있는 것, 숫자로 있는 것 모두가 헛것도 되고 진실도 된다. 생사는 물론 천당 극락 열반 아귀 지옥 모든 것이 그렇다. 모두가 헛것도 되고 진실도 된다. 모두 마음이 지은 것이기 때문이다. 이를 일체유심一切唯心 일체유심조一切唯心造라 한다.

또 공과 하나가 되어 나와 남이 구분되지 않는다. 안팎이 없다. 나와 바깥이 구분되지 않고, 나와 우주가 구분되지 않는다.

내가 곧 우주가 된다. 우주의 본질과 같아진다. 우주의 본질이 공이기 때문이다.

내가 곧 부처가 된다. 부처의 본질이 공이기 때문이다. 따라서 달리 부처를 찾지 않는다.

내 마음이 곧 극락이 된다. 따라서 달리 극락을 찾지 않는다. 현실에 있으면서도 항상 극락의 생활을 누릴 수 있다.

오고감이 없다. 오고감이 자유롭다. 이제까지는 업에 이끌려 강제로 오고갔지만 그 본질을 터득했기 때문에 오고 싶으면 오고 가고 싶으면 간다. 오지도 않고 가지도 않고 싶으면 그냥 있으면 된다. 이 모든 것을 자유로이 한다. 이것이 죽음을 뛰어넘는 것이다.

따라서 더 이상 찾을 것도 없고 구할 것도 없다.

당연히 공포도 없다. 생사를 떠났는데 공포가 어디 있는가?

곧 상락아정으로 언제나 유유자적할 수 있다. 이를 대자유大自由라 한다. 생사에 대한 자유란 뜻이다.

〔오고 감이 한결같아〕
오고 감이 한결같아 다른 것은 아니지만
얼핏 보면 달리 보여 오고 가고 보이지요.
그렇지만 본디부터 움직이지 않았으니
오지도 아니하고 가지도 아니하네.

오는 길이 비었으니 태어난 적 없었었고
가는 길이 비었으니 죽은 적이 없었었네.

그 자리가 그 자리라 움직이지 않았으니

오지도 아니하고 가지도 아니하네.

공의 구분

공을 구분할 수 있는가, 없는가? 공을 구분할 수 있다는 것이 일반적 견해이다.

곧 공을 2공 3공 5공 등으로 나눈다. 공을 수평적, 수직적, 내용적으로 나눈 것이다.

수평적 구분에는 인공과 법공이 대표적이다.

인공人空은 내가 비었다는 것이고, 법공法空은 우주가 비었다는 것인데, 내가 비었다는 것은 벌써부터 알고 있었으나, 우주가 비었다는 것은 석가가 처음으로 밝혔다.

이 둘을 합쳐 2공 또는 구공俱空이라 한다. 2가지가 비었다는 뜻이다. 인공을 얻은 사람을 아라한이라 하고, 2공을 얻은 사람을 부처라 한다.

수직적 구분은 공을 수직으로 세워놓고 구분한 것이다.

이때 공은 무엇인가 있기도 하고, 아무것도 없기도 하다. 곧 공은 그 단계가 있는데, 위로 올라갈수록 점점 없어져 맨 위는 아무것도 없는 무無와 가깝고, 아래로 내려갈수록 무엇인가 점점 있어서 결국 색(물질)과 만난다. 그래서 이를 3공 5공 등으로 구분한다.

이는 물질의 두께, 우주의 두께를 설명하는 중요한 개념이 된다.

아무것도 없는 공은 절대적 공으로 부처의 경지이고, 무엇인가 있는 공은 상대적 공으로 아라한의 경지이다.

이와 같이 공을 수직으로 해서 구분하면, 위로부터 무색계 색계 욕계의 3계가 될 수도 있고, 천 인 수라 축생 아귀 지옥의 6도가 될 수도 있다.

내용적 구분은 원효대사가 금강삼매경론에서 설명하는 것인데 공상역공 공공역공 소공역공을 말한다.

공상역공空相亦空은 모든 것이 원래 비어서, 빈 모습 역시 원래 빈 것이라는 뜻이고, 공공역공空空亦空은 빈 것을 비게 하는 것 역시 원래 빈 것이라는 뜻이며, 소공역공所空亦空은 그렇게 해서 비어진 것 역시 원래 빈 것이라는 뜻이다.

곧 우리가 공에 들어가 해탈하려 노력하지만, 원래 일체 모든 것이 빈 것이었으며, 그렇게 하려고 노력하는 나도 원래 빈 것이었고, 그렇게 해서 비어진 것 역시 원래 빈 것이었다는 뜻이다. 곧 주체 객체 대상 일체가 모두 원래 빈 것이라는 뜻이다.

이를 일체개공一切皆空 곧 삼라만상 일체가 비었다고 하는 것이다.

〔내 고요히 앉아서〕
내 고요히 앉아서 옛사람 생각하니
옛사람이 일찍이 내 마음 얻었었고
다음 사람 마땅히 내 마음 얻겠구나.
근심 속에 즐검이 즐검 속에 근심이
조화 타고 사라짐 그 무엇을 또 구해.

我思古人 實獲我心 寧知來世 不獲今兮
아 사 고 인　실 획 아 심　영 지 래 세　불 획 금 혜
憂中有樂 樂中有憂 乘化歸盡 復何求兮
우 중 유 락　낙 중 유 우　승 화 귀 진　부 하 구 혜

(퇴계 자명 일부)

무애행

거리낌 없는 행동을 무애행無礙行이라 한다. 이런 자유자재한 행동은 공에 들어 깨침을 얻은 사람만이 할 수 있다.

인간으로 태어났지만 인간으로 구속받지 않고, 세상에서 생활하지만 세상에 구속받지 않는다. 어디 있든 자유롭고, 무얼 하든 자유롭다.

공과 거짓을 아우르기 때문이고, 참됨과 속됨을 아우르기 때문이며, 실상과 허상을 아우르기 때문이다.

일체를 실상으로도 볼 수 있고, 일체를 허상으로도 볼 수 있으며, 일체를 실상과 허상 함께 볼 수도 있어, 일체에 거리낌이 없기 때문이다.

이러한 삶의 대표적인 예가 신라 원효대사이다. 그는 무엇에도 거리낌이 없었다.

첫째, 학문에 거리낌이 없었으니, 불교는 물론 당시 배척하던 참서 비기까지 다 읽었다. 요새 같으면 기독교 천주교 이슬람 경전까지 다 읽고 다 이해했다고 할 것이다.

둘째, 사람에 거리낌이 없었으니, 왕족 귀족은 물론 당시 천시하던 거지 창기와도 어울려 설법했다. 요새 같으면 무신론자나 무당, 자기를 배척하는 사람들까지도 만나 어울렸다고 할 것이다.

셋째, 행동에 거리낌이 없었으니, 평소 승복을 입었지만 허리에 호리병을 차고 저잣거리에서 스스럼없이 춤을 추었다. 이 정도 수준은 보통 사람으로서는 상상할 수도 없다. 마음으로 모든 것을 뛰어넘어야 가능한 행동이기 때문이다.

넷째, 생활에 거리낌이 없었으니, 요석공주를 얻어 설총을 얻은 후로는 스스로 상투를 틀고 소성거사가 되었다. 계율이니 파계니 하는 것은 그에게는 이미 통하지 않는다. 이미 그런 수준을 뛰어넘었기 때문이다.

다섯째는 생사에 거리낌이 없었으니, 날 때는 그냥 왔다 하더라도 갈 때는 조용히 앉아서 스스로 갔다. 이른바 생사가 여일如一하다. 생사가 같은 것이다.

고선사에 앉아 마지막 열반 때는 자기가 타고 다니던 황소의 멍에를 끊어주어 해방시켰으니, 축생에게까지도 자유를 부여했다.

죽을 때도 한바탕 큰 재미와 이야기꺼리를 선사하셨으니, 여섯 곳에서 동시에 각각 죽는 모습을 나타내 사람들을 놀라게 했기 때문이다.

그러면서도 200여 권의 방대한 저술을 남겼고, 수많은 사찰을 건립해 불교중흥에 힘썼으며, 수많은 사람들을 제도해 자비를 베풀었다.

중국 사람들은 원효를 이렇게 평한다.

"정신과 뜻이 신의 경지에 들어갔으니 만萬 사람을 대적할 만하다."

인간으로 왔지만 인간을 뛰어넘었고, 삼계에서 생활하지만 삼계를 뛰어넘었으며, 생사에 오고가지만 생사를 뛰어넘었으니 대자유인이요 대무애인이다. 그래서 많은 사람들이 그를 원효보살이라 부른다.

〔나와 우주 있고 없음〕
나와 우주 있고 없음 가지런히 같은 거라
이 몸 또한 있다 없다 말할 수가 없는 거군.
그렇다고 이내 몸을 팽개칠 수 없잖은가?
이럴 때는 노래 좋지 한바탕 노래하네.

나와 우주 있고 없음 가지런히 같은 거라
세상 또한 있다 없다 말할 수가 없는 거군.
그렇다고 이 세상을 팽개칠 수 없잖은가?
이럴 때는 춤이 좋지 한바탕 춤을 추네.

4. 수 행

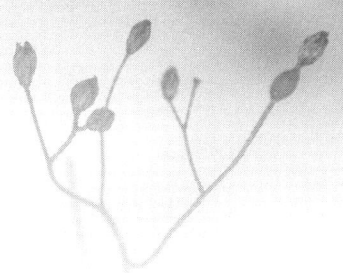

지관

수행의 정도에는 단계가 있는 것 같다.

  수행이 어느 정도 이뤄지면 어떤 경계가 나타나는데 이를 관觀이라 한다. 고대 인도어 위빠사나(비발사나)를 한역한 말로 어떤 경계가 보인다는 말이다. 천당이나 극락 같은 것 말이다. 부처나 보살이 보일 때도 있다고 한다.

  물론 상당한 수준의 경계이다. 보통 사람으로서는 오르기 힘든 자리다. 그러나 이런 경계가 나타나도, 여기에 안주하거나 만족해서는 안 된다. 그 위가 또 있기 때문이다.

  또 어떤 일을 저절로 알게 되거나 보게 되어도 마찬가지다. 가령 사람의 길흉화복이나 미래 같은 것 말이다. 이것을 깨침이라 생각하고 자만해서는 안 된다. 모두 낮은 단계로 역시 그 위가 있기 때문이다.

당연히 뛰어넘어야 한다. 그러기 위해서는 지금 보이는 대상을 그쳐야 한다. 이를 고대 인도어로 사마타(삼매)라 하는데 지止라고 한역하며 그친다고 풀이한다.

지금 보이는 단계를 그치고 계속 수행한다. 그러면 그 위 단계가 보인다. 당연히 이 단계도 그친다. 그 위가 또 있기 때문이다.

이와 같이 지와 관을 계속해 나아가면 결국 모든 단계를 거치게 되어, 6도의 모든 단계와 3계의 모든 단계를 거치게 된다. 곧 지옥에서 천상까지 모두 거치게 된다.

그리고는 아무것도 없는 공에 이른다. 이 자리가 해탈이다. 부처자리다.

불교는 이 단계를 3계, 10계, 30천, 52단계 등등 여러 가지로 나누는데, 이 과정을 모두 거친 사람이 한마디 하면 각 단계의 모든 중생이 모두 다 알아듣는다.

천상은 물론 지옥 중생까지도 알아듣는다. 왜냐하면 모두 자기가 처한 단계를 설명하는 것이기 때문이다.

이를 원음일음圓音一音이라 한다. "둥근 소리 한 소리"라는 뜻으로, 한마디 하면 모든 중생이 모두 다 알아듣는다는 뜻이다.

유마경은 이렇게 말한다.

"부처님이 한 소리로 설법하시면, 중생들은 유형에 따라 각각 다 이해한다."

이것이 부처님의 말씀이다. 이는 오직 부처님만이 할 수 있다.

〔탐욕세계 머물지만〕
탐욕세계 머물지만 탐욕하지 아니하고
번뇌세계 머물지만 번뇌하지 아니하네.
가도 그만 와도 그만 한결같은 마음이니
요동치던 마음자리 그 자리서 멎는구나.

탐욕세계 머물지만 탐욕하지 아니하고
번뇌세계 머물지만 번뇌하지 아니하네.
어찌 보면 즐거운 일 그림 같은 추억이고
다시 보면 허무한 일 하늘 위의 구름이지.

귀명
귀명歸命은 목숨을 건다는 뜻인데 수행의 최종 관문이

된다.

많은 사람들이 수행의 방법으로 참선, 염불, 독경, 사경, 주력 등을 든다.

참선은 좌선을 통해 정신을 집중시키는 방법인데 여래선 간화선 화두선 조사선 등 여러 가지가 있다고 한다.

무엇인가를 깊이 사색할 때도 있고, 일체 생각을 끊고 고요히 앉아 있을 때도 있는데 사람마다 방법이 다소 다르다고 한다.

염불은 경전을 외우는 것이고, 독경은 경전을 읽거나 연구하는 것이며, 사경은 경전을 베껴 쓰는 것이고, 주력은 다라니 등을 외우는 것이다.

물론 참선이 가장 좋은 방법 같다. 석가와 원효가 이 방법을 택했다고 생각되기 때문이다. 그러나 다른 것도 나쁘지 않다고 생각된다.

가끔 자기가 택한 특정 방법을 지나치게 강조하는 경우가 있는데 이는 당연히 맞지 않다고 생각된다. 자기 것만 강조하다보면 불교가 작아지고 갈라진다. 따라서 나름대로 자기에게 맞는 방법을 택해서 노력하면 된다.

원효도 염불수행을 중시했다.

중요한 것은 수행에 목숨을 걸었느냐 걸지 않았느냐 하는 것이다.

이른바 귀명이다. 목숨을 건 사람은 어떤 수행을 하든지 반드시 얻는 것이 있다. 그렇지 않은 사람은 그 반대일 것이다. 비록 말을 교묘히 잘 해도 피상적이라 깊이가 없다.

원효대사 발심수행장에는 이런 구절이 있다.

"절하는 무릎이 얼음같이 차도 불 쬘 마음을 내지 않고,

주린 창자가 끊어질듯 고파도 밥 먹을 생각을 내지 않는다."

무서운 수행이다. 그러니 도를 깨치지 않을 수가 있겠는가?

성철 스님은 토굴에 울타리를 치고 장좌불와長坐不臥 정진한 끝에 도를 얻었고, 서암 종정은 계룡산 나한 굴에서 한 달간 먹지도 않고 자지도 않고 수행해서 도를 얻었으며, 법전 스님을 문경 대승사에서 혼자 겨울을 나면서 수행한 후 인가를 받기 위해 성철 스님을 찾아갈 때 잘 걷지도 못했다.

만해 한용운 스님은 좌선으로 깨치지 못하자 목탁을 들고 일어서며 다짐을 했다.

"도를 깨치든지 내가 죽든지 두 가지 밖에 없다."

그리하여 삼일 밤낮 목탁을 치며 설악산 백담사 영시암 오세암을 돈 끝에 도를 얻었다. 모두 목숨을 걸었다.

〔천길 단애 미끌 절벽〕
천길 단애 미끌 절벽 죽음 혀를 날름이네.
한 걸음만 삐끗하면 영락없이 채 가려고
이 자리서 갈았구나! 그리하여 얻었구나!
만고윤회 목을 자를 회심의 활인검을

그 사람 어디 갔소? 소식 전해 주지 않고
그렇다고 원망 마오. 한탄도 하지 마오.
그 절벽을 아직 그냥 그 자리에 서 있으니
만고윤회 치고 오를 다음 사람 기다리며.

참회

참회는 참괴, 회개라고도 하는데 반성하고 뉘우치는 것이다. 정확한 표현은 참괴慙愧이다.

참慙은 내가 진심으로 뉘우치는 것이고, 괴愧는 상대방에게 진심으로 용서를 비는 것이다. 이 둘이 동시에 이루어져야 진정한 의미의 참회가 된다.

참회는 모든 죄업을 없애는 근본이 되고, 모든 수행의 근본이 된다. 참회가 없으면 진정한 의미의 수행이 되지 않는다.

참회에는 두 가지가 있는데 이른바 죄업참회와 6정참회이다.

죄업참회罪業懺悔는 나의 죄업을 참회하는 것으로 과거 내가 지은 모든 죄업을 참회하는 것이다. 숙세의 업까지 포함된다.

죄업을 참회하면 죄업이 없어지지는 않더라도 활동하지는 못한다. 이를 알기 쉽게 죄업이 소멸한다고 하는 것이다.

마치 낚시 추가 물속에 잠겨있는 것과 같다. 낚시 추는 죄업을 뜻하는데, 낚시 줄을 당기면 낚시 추가 딸려오지만 낚시 줄을 당기지 않으면 낚시 추가 딸려오지 않는다.

낚시 줄을 당기는 것이 참회하지 않거나 새로운 죄업을 짓는 것이고, 낚시 줄을 당기지 않는 것이 참회하며 새로운 죄업을 짓지 않는 것이다.

따라서 죄업을 참회하면 모든 죄업의 활동을 멈출 수가 있다.『천수경』은 이렇게 말한다.

"천년만년 묵은 죄 천길 만길 쌓인 죄,
한 생각에 끊으면 자취 없이 사라져.
마른 풀이 봄날에 확 타버려 없듯이,
모든 죄도 다해서 흔적 없이 사라져.
모든 죄는 뿌리 없어 마음 쫓아 일어나
마음 만약 없으면 죄들 또한 없어져.
마음 없고 죄 없어 둘이 함께 텅 비면,
이게 바로 뉘우침 진실 되게 뉘우침"

6정참회六情懺悔는 내 몸을 참회하는 것이다.

내 몸은 안이비설신의로 구성되어 있는데 이를 6정이라 하며 이를 참회하는 것이다.

사실 먹고 사는 것 자체가 업이다. 먹는다는 것은 남을 살생한다는 뜻이고, 산다는 것은 남을 괴롭힌다는 뜻이다. 중생이라 어쩔 수 없는 현상이다.

이를 벗어나는 것이 6정참회로 곧 내 몸을 참회하는 것이다. 당연히 이를 벗어나는 것이 깨침이요 해탈이다.

비록 6정참회까지는 아니더라도 평소 반성하며 사는 것이 좋다. 반성하면 업이 쌓일 틈이 없다. 공자도 하루에 세 번씩 반성했다고 한다.

안중근 의사가 즐겨 쓴 글에 일일부독서구중형극一日不讀書口中荊棘이 있다. 하루라도 책을 읽지 않으면 입에 가시가 돋는다는 말이다. 책을 읽는다는 말은 반성한다는 뜻이다. 누구든지 가시 돋친 말을 해서는 안 된다.

〔죄업을 참회해서〕
죄업을 참회해서 마음 바탕 이르면
너도 없고 나도 없고 한 일 없고 죄 없어
염라대왕 열 대왕 죄진 나를 목매나
나란 것이 도 없어 뭘 채가고 뭘 잡아

지옥이다 아귀다 한 순간에 날아가
염라대왕 열 대왕 한 순간에 날아가
삼천대천세계도 한 순간에 날아가
이게 바로 해탈함 자유 자재함이다.

보살행

보살행은 남을 배려하고 돕는 것이다. 남의 괴로움이나 고통을 슬퍼하고 덜어주는 것이다.

부처님의 가장 위대한 덕목 중의 하나로, 보살행이 빠지면 부처가 되지 못한다.

부처님은 남의 고통을 자기가 받아서 해소시킨다. 어떤 사람에게 고통이 있으면 먼저 그 고통을 인지한다. 그런 다음 그 고통을 자기에게로 옮긴다. 그리고는 그 고통의 원인을 해소시킨다.

따라서 고통이 영원히 없어진다. 더 이상 존재하지 않는다. 이것이 부처님의 대자대비다.

가끔 고통을 억누르거나 남에게 전가시켜놓고, 보살행을 했다고 하는 이가 있는데 이는 그렇지 않다.

가령 절대자의 힘으로 어떤 고통을 억누르면, 그 고통이 지금 당장은 활동하지 못하나, 기회가 되면 그 고통이 다시 활동을 시작해서 사람을 괴롭힌다. 고통을 없애지 않고 억누르기만 했기 때문이다.

또 굿이나 축원 등으로 어떤 고통을 남에게 전가시키면, 고통을 면한 사람은 좋겠지만, 새로 받은 사람은 새로운 고통이 시작된다. 고통 자체가 해소되지 않고 남에게 전가되었기 때문이다.

따라서 이는 그릇된 방법으로 옳다고 할 수 없다. 시간이 걸리고 힘이 들더라도 반드시 내가 받아서 내가 해소시켜야 한다. 곧 부처님의 보살행 방법을 따라야 한다.

이런 보살행은 부처님뿐만 아니라 여러 보살들도 행한다.

관음보살은 중생의 고통소리를 듣고 그 고통을 덜어주려 애쓰신다. 어디서든지 자기를 부르면 뒤돌아보신다.

천수천안보살은 천 개의 눈과 천 개의 손으로 중생의 고통을 보시고 덜어주려 애쓰신다. 천 개는 많다는 뜻이다. 실은 수천 개 수만 개의 눈과 손이다.

지장보살은 지옥에 있는 모든 중생의 고통을 해소시켜 없애시려 애쓰신다. 그래서 지옥 중생의 모든 고통이 해소되기 전까지는 자기는 성불하지 않겠다며 자기의 성불까지 미뤘다.

그런데도 지옥 중생을 보고 "그대는 무슨 죄를 지어서 이런 곳에 왔는가?"라고 한 번도 물은 적이 없다. 오직 지옥이라는 것이 있고, 지옥 중생이 있으며, 지옥의 고통이 있음을 슬퍼했다. 그래서 많은 사람들이 임종 시 지장보살을 찾는다.

지옥으로 가서는 안 된다. 지옥의 옥졸은 사람이 아니다. 호랑이 사자 황소 물소 등이 사람의 모습을 하고 있을 뿐이다. 인정이니 사정이니 하는 것은 있을 수가 없다. 이런 짐승에게 그런 것이 있겠는가?

따라서 죄가 있다면 이 세상에서 털고 가야 한다. 죄를 지고 가는 사람같이 어리석은 사람은 없다.

자세히 보면 우리 사회에도 보살행을 행하는 사람이 많다. 같은 말이라도 고운 말을 쓰는 사람, 다른 사람을 배려해주는 사람, 남이 알아주거나 말거나 남을 돕는 사람 모두가 보살행을 행하는 사람들이다. 그래서 우리 사회가 안전하게 유지된다.

〔위엄 있고 신력 있는〕
위엄 있고 신력 있는 지장보살 대성인은
항하사겁 칭송해도 이루 말로 다 못해.
보고 듣고 우러러서 예를 갖춘 한순간에
사람과 천인天人에게 이익 줌이 한량없네.

地藏大聖威神力 恒河沙劫說難盡
지 장 대 성 위 신 력 항 하 사 겁 설 난 진

見聞瞻禮一念間 利益人天無量事 (지장전 주련)
견 문 첨 례 일 념 간 이 익 인 천 무 량 사

천하명당

고려 야운野雲 스님은 이렇게 말했다.

"삼일 닦은 마음은 천년의 보배요.
백년 탐한 물건은 하루아침 티끌이라."

三日修心千載寶 百年貪物一朝塵 (자경문)
삼 일 수 심 천 재 보 백 년 탐 물 일 조 진

중국 순치順治 황제는 출가할 때 이렇게 말했다.
"제왕가 백년이 절간 반나절 한가함만 못하다."
많은 사람들이 도를 닦거나 수행을 하기 위해 조용한 곳으로 가길 원한다. 출가하여 스님이 되기도 한다.
물론 그렇게 할 수 있으면 그렇게 하는 것도 좋다. 그렇게 하면 아무래도 마음을 가다듬어 나를 돌아보기가 쉽기 때문이다.

그러나 사람이 살다보면 이런저런 사유로 해서 그렇게 하지 못하는 경우가 많다. 잠시 자리를 비우는 것조차 힘든 사람이 있다.

이때는 굳이 조용한 곳을 찾으려고 애쓸 필요가 없다. 생각만 한번 바꾸면 되기 때문이다. 지금 이 자리가 최고의 명당이라고! 그러면 이 자리가 최고의 수행명당이 된다.

지금 이 자리가 어디인가? 바로 엉덩이 붙은 자리다. 지금 엉덩이가 붙은 이 자리가 천하명당 최고의 수행명당이다.

지금 엉덩이 붙은 이 바닥이 최고의 명당이고, 지금 엉덩이 붙은 이 방안이 최고의 명당이며, 지금 엉덩이 붙은 이 의자가 최고의 명당이며, 지금 엉덩이 붙은 이 전철의자가 최고의 명당이다.

조금 욕심을 내면 지금 걷고 있는 이 길이 최고의 명당이고, 지금 서 있는 이곳이 최고의 명당이며, 지금 누워있는 이 자리가 최고의 명당이다.

곧 오고 가고 서고 앉고 눕고 하는 모든 자리가 최고의 명당이다. 이른바 행주좌와行住坐臥로 일체의 행위를 말한다. 일체의 행위가 모두 최고의 명당이다.

이 최고의 명당에서 부처님을 생각하고 마음을 가다듬는다. 그러면 최고의 명당에서, 최고의 스승을 모시고, 최고의 수행을 하는 것이 된다.

욕심을 더 내면 주변 사람 모두를 스승으로 본다. 잘하는 사람은 잘하는 스승으로 보고, 못하는 사람은 못하는 스승으로 본다. 그러면 수없이 많은 스승을 모시고 수행하는 것이 된다.

삼척 영은사 설선당에는 이런 주련이 있다고 한다.

"분주함 속에도 참 소식이 있음을 알면
한가함을 구하고자 청산에 들 필요 없다."

若知忙裡眞消息 不必求閑棲碧山
약 지 망 리 진 소 식 불 필 구 한 서 벽 산

〔하늘은 지붕이요〕
하늘은 지붕이요 땅바닥은 방안이라
이 몸은 법당이고 이 맘은 부처로다.
앉은 자리 이곳에서 부처님께 나아가니
천하제일 도량에서 부처 도를 닦는구나.

하늘은 지붕이요 땅바닥은 방안이라
앞의 사람 부처이고 뒤의 사람 보살이네.
앉은 자리 이곳에서 부처님께 나아가니
천하제일 도량에서 부처 도를 닦는구나.

홀로 수행

수행은 마음을 편히 하는 것이다. 마음을 맑게 하는 것이다. 생각을 멈추고 생각을 끊는 것이다.

마음을 편히 하기 위해서는 생각을 바꿔야 한다. 부정적 생각을 긍정적 생각으로 바꾸고, 나쁜 생각을 좋은 생각으로 바꾼다. 그러면 나에게도 장점이 있고 좋은 점이 있음을 발견하게 되어 여유가 생기고 편안해진다.

마음을 맑게 하기 위해서는 버려야 한다. 탐욕을 버리고, 번뇌를 버리고, 미련을 버리고, 원망을 버린다. 내려놓는다(방하착), 떨친다, 끊는다, 없앤다, 비운다 라고도 한다. 그러면 그 자리에 맑은 기운이 가득 채워진다. 공空이 가득 채워진다.

생각을 멈추고 생각을 끊기 위해서는 생각을 닦고 마음을 닦아야 한다.

맑고 깨끗한 마음이 도道다. 우리 마음은 본디 맑고 깨끗하다. 따라서 본디부터 도가 가득하다. 도가 없는 것도 아니고 도가 모자라는 것도 아니며 도가 줄어든 것도 아니고 도가 늘어난 것도 아니다. 원래부터 충만하다.

그런데 그것이 번뇌의 때가 묻어 더러워졌다. 그래서 이를 닦기 시작했다. 곧 생각을 깨끗이 하고 마음을 깨끗이 했다. 그랬더니 마음이 다시 맑고 깨끗해졌다. 이를 도를 닦았다, 도를 깨쳤다 라고 하는 것이다.

원래 모든 사람이 본디 부처다. 미래불이다. 본 바탕이 모두 맑고 깨끗하기 때문이다. 단지 그 사실을 모르고 있을 뿐이다. 이제 도를 닦아 그것을 깨치면 바로 현실의 부처가 된다.

간혹 혼자서 단독으로 수행하는 경우가 있다. 이때는 조금 조심스러운 면이 있다.

물론 대부분 올바르게 수행하겠지만 가끔 그릇되게 수행할 수도 있기 때문이다. 따라서 공인된 장소나 공인된 사람에 의하거나, 최소한 공인된 경전에 의거해서 수행해야 한다.

그렇지 않고 혼자 수행하여 혼자 이론을 정립하면 자칫

외도나 사도로 빠질 수도 있다.

　외도外道는 잘못된 것은 아니지만 정도에서 벗어난 것이고, 사도邪道는 잘못된 것 그릇된 것으로 따라서는 안 되는 것이다.

　이 외도나 사도가 세운 견해를 견취견이라 하는데 그릇된 견해라는 뜻이고, 그들이 세운 계율을 계금취견이라 하는데 그릇된 계율이란 뜻이다.

　이들은 말이나 언변이 유창할 때도 있고, 그 모습이 특이할 때도 있으며, 술수가 뛰어나 사람을 현혹할 때도 있다. 따라서 모르는 사람들은 선지식이니 성인이니 하거나, 미륵이니 부처니 하면서 따르기도 한다.

　이는 반드시 판별해내야 한다. 잘못 따라가면 한평생 공부한 것이 헛것이 될 수도 있기 때문이다. 이들은 대부분 두서가 없다.

　규칙적이지 못하고, 공적이지 못하며, 주관적이고 즉흥적이다. 부처 법을 이야기하지 않거나, 부처 법을 이야기해도 자기 견해를 말하는 경우가 많다.

　또 깨침이 없어 뒤끝이 허망하다. 결국 남는 것이 없다. 정도가 맑고 깨끗하며 담백하고 소박한 것과 다르다. 열반의 경지가 한결같고 즐겁고 참되고 깨끗한 것(상락아정)과도 같지 않다.

또 이때 자칫 마귀의 장난이 있을 수도 있다. 우리 인간세상에도 나를 괴롭히는 번뇌와 나쁜 사람이 있듯이, 천상에도 나를 괴롭히는 번뇌와 나쁜 사람이 있는데 이를 마귀라 하는 것 같다.

대승기신론은 번뇌마煩惱魔, 음마陰魔, 사마死魔, 천마天魔 등 4마四魔를 들고 있다.

따라서 수행과 도는 반드시 객관적 검증을 거쳐야 한다.

옛날에는 법거량이라 해서 이 제도가 있었다. 곧 고승과 대담하여 그 진부를 확인하고 그 경지를 확인했다. 요새는 매스컴이 발달했으니 공개석상에서 공식적으로 확인을 거치는 것이 좋다.

〔시비가 없는데도〕
시비가 없는데도 시비를 가리누나.
희비가 없는데도 희비를 가리누나.
오면 오고 가면 가고 즐기기만 하면 되지
괜스레 분별하여 속앓이를 하는구나.

미추가 없는데도 미추를 가리누나.
애오가 없는데도 애오를 가리누나.
오면 오고 가면 가고 즐기기만 하면 되지
괜스레 분별하여 속앓이를 하는구나.

여시아문

여시아문은 "나는 이와 같이 들었다"는 뜻으로 대부분의 불경 서두에 나온다. 불경은 석가 열반 후에 결집(모음)된 것이기 때문에 이렇게 쓸 수밖에 없었다.

그러나 여시아문如是我聞은 이보다 더 깊은 뜻이 있다. 비록 우리가 불경을 결집하지만, 우리의 식견이 석가의 경지에 이르지 못하기 때문에 조심스럽다는 것이다.

석가의 뜻도 잘 이해하지 못하고, 석가의 지혜도 잘 이해하지 못하며, 석가의 가르침도 잘 이해하지 못한다는 것이다.

이런 사람들이 결집하는 것이니 당연히 잘못이 있을 수 있고, 착오도 있을 수 있다는 뜻이다. 이 점을 양해해 달라는 것이다. 이것이 "나는 이와 같이 들었다"의 뜻인데 "잘못 들었을 수도 있다"는 뜻이다.

그래서 어떤 학자는 여시소문如是所聞이라 한다. "나에게는 이와 같이 들리었다"는 뜻으로 완전히 수동적 자세를 취한다. 자기를 전달자로 낮춰 한계를 인정한다. 어쩌면 적절한 표현일지도 모른다.

여시아문은 다른 종교에서 말하는 "가라사대(왈)"나 "말씀하시다" 등과는 근본적으로 다르다.

여시아문은 내가 잘못 들었을 수도 있고 잘못 알 수도 있지만, 가라사대나 말씀하시다는 이런 융통성이 전혀 없다. 말씀을 그대로 전한 것이 되기 때문이다.

그러나 이는 있을 수 없는 일이다. 모두 후세에 정리한 글로서 옆에서 받아 적은 것이 아니기 때문이다. 당연히 이렇게 쓸 수가 없다.

더욱이 나는 그분들과 같은 경지가 되지 못한다. 나는 식견이 부족해 그분들의 말씀을 다 이해할 능력도 없고 다 해석할 능력도 없다. 따라서 그대로 전할 능력도 없다. 그래서 "나는 이와 같이 들었다."라고 했다.

그럼에도 불구하고 가라사대나 말씀하시다를 고수하면, 자칫 경직해지고 투쟁적이 될 수도 있다. 비판이나 이의의 여지가 없다. 조금만 반론을 제기해도 도전이나 부정, 저항이나 비판 나아가 이단으로 비칠 수도 있다.

석가는 열반하시기 전 이렇게 말했다.

"내가 한 말이라도 그대로 믿지 말고 스스로 확인해본 후에 믿어라."

따라서 불교를 믿는 사람은 종교나 이론 가지고 다른 종교인과 다투거나 싸워서는 안 된다. 자기의 부족함을 인정하고 항상 신중하고 조심해야 한다. 겸손하고 진지한 자세로 부처님의 뜻을 이해하도록 노력해야 한다.

〔신선이 자리를〕
신선이 자리를 한번 잡으니 천년이 지나고
부처가 자리를 한번 잡으니 억겁이 지난다.
영웅이 고개를 한번 돌리니 신선이 되고요
중생이 고개를 한번 돌리니 부처가 되누나.

불교 한자

한자는 세계에서 가장 어려운 글자라 한다. 옛 선비들은 평생을 공부해도 한자를 다 마치지 못한 경우도 있었다.

따라서 한자를 모른다고 해서 조금도 기죽을 필요가 없

다. 어쩌면 모르는 것이 당연한지도 모른다. 불교에서 쓰는 한자는 더욱 그러하다. 이는 불교의 한자가 특수하기 때문이다.

옛날 서역 스님들이 중국에서 고대 인도어로 된 경전을 한역할 때, 다른 종교와의 시비를 극구 피했다.

그래서 다른 종교, 예를 들어 당시 중국에서 유행했던 유교나 도교에서 신성시하거나 중요시하는 한자를 피하고, 대신 그들이 잘 사용하지 않거나 심지어 천하게 여기는 한자를 사용했다.

따라서 불교용어는 이상한 한자나 귀퉁이 한자가 많다. 열반 반야 보리 보살 등이 대표적이다.

열반涅槃은 저 너머에 이르다, 깨침에 이른다는 뜻으로 불교의 아주 중요한 개념 중의 하나이다. 그런데 한자로는 개흙 열(涅)과 시렁 반(槃)이다. 곧 하찮은 한자들이다.

반야般若는 수행의 지혜를 말하고, 보리菩提는 깨침의 지혜를 말하는데 역시 모두 잘 쓰지 않는 귀퉁이 한자이다.

이런 말을 썼으니 말 가지고 시비할 사람이 아무도 없다.

뜻이 중요하지 말이 중요한 것이 아니고, 내용이 중요하지 형식이 중요한 것이 아니라는 뜻이다.

이에 당시 불교도들은 다른 종교와의 시비를 피해 오직 불교 공부에만 전념할 수 있었다.

따라서 불교를 믿는 사람들은 말 가지고 다른 종교와 시비하거나 싸워서는 안 된다. 겸손한 자세로 오직 자기 수행에만 충실해야 한다.

〔잘됐으면 좋으련만〕
잘됐으면 좋으련만 못되어도 할 수 없지
최선 다해 봤으니 남는 미련 전혀 없어
어디 가면 어떠한가? 지금처럼 살면 되지.
육도윤회 도는 모습 장엄도 하네.

깨쳤으면 좋으련만 못 깨쳐도 할 수 없지
최선 다해 봤으니 남는 미련 전혀 없어
어디 가면 어떠한가? 지금처럼 살면 되지.
육도윤회 도는 모습 장엄도 하네.

두께
불교의 공색空色은 공과 색이 맞닿아서 평행하고 평등하게 펼쳐져 있다는 말인데, 이는 곧 두께를 뜻한다. 곧 두께를 둘로 나눈 것이 공색이다.

이기론에서 말하는 이기질理氣質은 두께를 이, 기, 질(물질) 셋으로 나눈 것이고, 오행론에서 말하는 오행五行은 두께를 무극, 태극, 음양, 오행, 물질 다섯으로 나눈 것이다.

이와 같이 우주 삼라만상 일체 만물에 두께가 있다. 이를 사물의 두께, 만물의 두께라 한다. 우주의 두께, 공간의 두께라고도 할 수 있다. 곧 이 우주가 두께로 구성되어 있다.

서양과학에도 이런 개념이 있다.

"우주에 얇은 막이 넓게 펼쳐져 있다."

여기서 말하는 얇은 막이 곧 두께를 뜻한다. 아인슈타인이 말한 "우주가 휘었다."는 것도 실은 우주의 두께를 뜻한다. 두께라는 개념은 인지했으나 명확하게 규명하지 못했기 때문에 휘었다고 한 것이다.

어쩌면 이 두께라는 말은 필자가 처음으로 제시하는 용어일 수도 있다.

이 두께는 정신의 세계이고 마음의 세계이다.

습관과 버릇이 머무는 곳이고, 성질과 재능이 머무는 곳이다. 말나식과 아라야식이 머무는 곳이고, 덕과 업이 축적

되는 곳이며, 천당과 지옥이 형성되는 곳이다. 따라서 이곳은 실존하고 현존한다.

좋은 습관과 좋은 버릇을 가져야 한다. 그래야 이것이 두께에 저장되었다가 다음 생애에 받아쓸 수 있다. 좋은 성질과 좋은 재능도 쌓아야 한다. 그래야 역시 다음 생애에 받아쓸 수 있다. 그래서 인생가계부를 잘 쓰라고 한다. 그래야 다음 생애가 편안하고 행복하기 때문이다.

죽으면 무엇이 남는가? 라고 물으면 말나식과 아라야식이다.

죽으면 무엇이 가는가? 라고 물어도 말나식과 아라야식이다.

말나식과 아라야식이 합쳐진 것을 넋 혼 혼백 혼령 영혼 영가 등으로 말한다.

의식은 죽으면 원칙적으로 없어진다. 그러나 그것이 없어지지 않고 당분간 남아있는 경우가 있는데, 이를 귀, 귀신이라 한다. 대부분 미련과 원한 때문이다. 그러나 결국 없어진다.

그럼 넋은 어디로 가는가? 라고 물으면 천당과 지옥 등등으로 간다.

그럼 천당과 지옥이 어디에 있는가? 라고 물으며 바로 이 두께에 있다.

다시 말하면 천당과 지옥이 두께에 형성되어 있는데 각자의 선악에 따라 천당과 지옥 등등으로 간다는 말이다. 이를 윤회라 한다.

〔온 곳이 어디기에〕
온 곳이 어디기에 왔다가
가는 곳이 어디기에 가는가.
오고 가는 것이 자취가 없이
아련히 백년 남짓 하구나.

來從何處來 去向何處去 來去無蹤跡 悠悠百年許
내 종 하 처 래   거 향 하 처 거   내 거 무 종 적   유 유 백 년 허

(경북 상주尙州 지방 상여喪輿 글)

두께의 설명

이 두께의 설명은 다양하다. 각각의 환경과 풍습과 사람에 따라 다양하게 설명된다. 곧 각종의 문화와 종교가 된다.

그중 체계적이고 조리 있게 설명한 것이 고등문화 고등

종교이고, 체계가 없고 조리 없이 설명한 것이 하등문화 하등종교이다.

불교는 이 두께를 세분하여 3계, 6도, 10계, 30천 등으로 나누어 설명하고, 이기론은 이 두께를 이, 기, 질(물질)로 나누어 설명한다.

이를 나누지 않고 한데 묶어 설명하면 절대자나 유일신이 되는데 이런 종교를 유일신교라 한다. 천주교, 기독교, 이슬람교 등 많은 종교가 여기에 포함된다.

두께의 설명은 여러 가지가 있을 수 있다. 또 기존의 설명 외에 새로운 설명이 나올 수도 있다.

곧 두께의 설명은 무한하며 무주공산이라 할 수 있다. 누구든지 나름대로 설명하면 된다. 절대적인 문화나 절대적인 종교는 없다는 말이다.

어쩌면 새로운 설명이 나와야 할지도 모른다. 현재 기존의 설명이 우리 인류를 구제하지 못하기 때문이다.

곳곳에서 전쟁이 일어나 서로를 죽이는데도 말리기는커녕 말 한마디 못하고 피하거나, 휘말릴까 두려워 못본 체하며 자기 몸만 도사린다. 심하면 자기의 하찮은 설명을 지키기 위해 오히려 살생을 부추기고 전쟁을 부추기기까지 한다. 모두 잘못이다.

  우리도 이제는 우리의 설명을 내놓을 때가 되었다. 우리 나름대로 설명해서 세상 사람들에게 보이고 듣게 해서 도움을 줄 때도 되었다.

  남의 것을 받아들여서는 이 세상 진리는 자기 혼자만이 터득한 것처럼 기고만장해 하는 풍토는 사라질 때가 되었다. 우리 것을 내놓지 못한 것을 부끄러워할 줄도 알고 겸손해할 줄도 알아야 한다.

〔부처님이 둘러보신〕
부처님이 둘러보신 우주 법계 모습은
공과 색이 어우러진 대연화 모습이네
본바탕은 공이고 모든 것은 색으로
둥글게 어우러져 연화장을 이루네.

빈우주 바람우주 등등 모든 우주가
성주괴공 이어져 한없이 순환하고
삼천대천세계가 망망대해 이루어
겹겹 그물 망으로 인타라를 이루네.

종교의 다양성

산을 오르는 방향은 여러 가지가 있다. 동쪽에서 오를 수도 있고, 서쪽에서 오를 수도 있으며, 남쪽에서 오를 수도 있고, 북쪽에서 오를 수도 있다.

또 산을 오르며 쉬는 방법도 여러 가지 있다. 한 번 쉴 수도 있고, 두 번 쉴 수도 있으며, 세 번 쉴 수도 있고, 또 쉬지 않고 단숨에 오를 수도 있다.

종교도 이러한다. 여러 가지 종교가 있을 수 있으며, 새로운 종교를 만들어낼 수도 있다. 좋고 나쁜 것이 없다. 각자 자기에게 알맞은 것을 택해 믿으면 된다. 산을 오르는데 좋고 나쁜 것이 없는 것과 같다.

즉 산을 오르는 것은 정상에 이르는 것이 목표인 것처럼, 종교를 믿는 것은 해탈이나 구원에 이르는 것이 목표이기 때문이다. 따라서 종교나 종교 이론 가지고 시비하거나 싸워서는 안 된다. 산을 오르는 방법 가지고 시비하고 싸울 수 없는 것과 같다.

고려시대에도 종교간 갈등이 있었던 모양인데 이때 원천석元天錫이 한마디 했다.

"나귀를 탄 사람이 다른 사람 나귀 탄 것을 비웃으니 가소롭다."

"틀리다고 다투는 모습이 마치 어지러운 개구리 울음소리 같다."

나귀를 탄다는 것은 종교에 의지한다는 말이다. 자기도 종교에 의지하면서 남이 종교에 의지한 것을 비웃으니 가소롭지 않을 수 없다. 그 다투는 모습은 그야말로 개구리 울음소리 같다.

종교는 이해하는 것이 중요하지, 주장하는 것이 중요한 것이 아니다. 이해하면 모든 것을 포용하고 화합하지만, 주장하면 모두가 흩어지고 갈라진다.

많은 사람들이 산을 오르지만, 산을 오르지 않고 아래에서 바라보는 사람들도 많다. 멀리서 산을 바라보며 산을 즐기는 것이다. 이들이 산을 사랑하지도 않고 산을 이해하지도 못한다고 할 수 있겠는가?

그렇지 않다. 이들이 더욱더 산을 사랑하고 이해할 수도 있다.

따라서 자기가 믿는다고 해서 특정 종교를 너무 주장하거나 내세워서도 안 되며, 함부로 남의 것을 배척하거나 가벼이 해서도 안 된다.

산을 바라보고 즐기는 사람이 볼 때는, 구태여 산을 오르는 사람이 오히려 힘들어 보이고 불쌍하게 보일 수도 있다.

너나 할 것 없이 무거운 짐을 지고 가는 것이니, 종교니 비종교니, 내 종교니 네 종교니 따지지 말고 서로 이해하며 더불어 살 일이다.

〔너른 들판〕
너른 들판 바람 부니 가랑잎이 굴러가네.
잠깐 사이 나타났다 순식간에 사라지네.
어디서 온 것일까 어디로 가는 걸까
눈을 한번 감아 보니 아무 일도 없었구나.

낙엽 지는 오솔길 늙은이 혼자 가네.
무명바다 바람 불어 한 생애가 가는구나.
어디서 온 것일까 어디로 가는 걸까
눈을 한번 감아 보니 아무 일도 없었구나.

화쟁

원효 사상의 핵심은 "마음"이다. 오직 마음 하나를 다룬다.

이를 일심一心사상 유심唯心사상 유식唯識사상 등으로 말한다. 똑 같은 뜻이다.

마음으로 보기 때문에 중생의 마음을 부처로 본다. 중생심衆生心이 부처다. 줄이면 중생이 부처다. 곧 중생즉불衆生卽佛로 원효의 위대한 사상 중의 하나이다.

그러니 이 세상 모든 것을 구분하지 않는다. 중생이 부처인데 무엇을 구분하는가? 따라서 모든 것을 다 화합하고 모든 것을 다 아우른다. 곧 화쟁和諍사상이다.

또 모든 것이 같은 것도 아니고 다른 것도 아니다. 중생이 부처인데 무엇을 나누는가? 곧 비일비이非一非異로 모든 이론을 아우르는 중요한 개념이다.

그러니 인생사 그 무엇에도 거리낌이 없다. 도무지 거리낄 이유가 없다. 삶은 물론 죽음에도 거리낌이 없다. 생사여일生死如一이라, 살고 죽는 것이 여일하다. 한 길이다. 여기서 무애無礙사상, 대자유大自由사상이 나온다. 삶과 죽음에 대한 자유이다.

이 중 화쟁사상을 보기로 한다. 화쟁和諍은 여러 쟁론을 아우른다는 뜻으로 쉽게 말하면 화합이다. 고려 숙종 임금이 신라 원효대사에게 내린 화쟁국사에서 연유한다.

화쟁은 불교뿐만 아니라 모든 종교 나아가 사회에까지 통용된다. 이런 칭호는 스님의 칭호로는 흔치 않다. 그런데도 원효는 이런 칭호를 받았다. 이는 원효의 학식과 포용력이 그만큼 넓고 커서 사회까지 미침을 뜻한다.

원효는 실제로 화쟁을 실행했다.

흔히 글을 쓸 때, 어떤 부분은 잘 설명하지만 어떤 부분은 잘 설명하지 못하는 경우가 있다. 이때 대부분의 사람들은 미비한 글이라 하며 비판하거나 배척한다. 그래서 자기를 돋보이게 하려 한다.

그러나 원효는 그렇게 말하지 않는다. 한쪽을 잘 설명하고, 한쪽을 잘 설명하지 않은 것은 구태여 설명하지 않아도 이해할 수 있기 때문에 설명하지 않은 것이라 한다.

마치 손바닥은 잘 설명하나 손등은 잘 설명하지 않은 경우, 손등은 손바닥을 유추해보면 알 수 있기 때문에 번거롭게 설명하지 않은 것이라고 하는 식이다.

원효 당시 소승과 대승의 갈등이 있었는데, 이때도 원효는 이 갈등을 잘 화합하여 모두를 인정한다.

우산과 천막은 비올 때 쓰는 물건이다. 만약 비가 올 때 여러 사람이 함께 비를 피하려면 당연히 큰 천막이 좋다.

하지만 혼자서 빗속을 걸어갈 때는 작은 우산이 좋다. 아무리 천막이 좋아도 천막을 들고 가지는 않는다는 것이다.

우산은 소승을 뜻하고 천막은 대승을 뜻하는데 소승과 대승 모두 중요하다는 것이다. 부정하거나 배척할 것이 없다는 것이다.

신라에는 100명의 고승이 돌아가며 나라의 안녕을 비는 백고좌회百高座會가 있었는데 원효는 여기에 한 번도 초청받지 못했다. 신라 좁은 땅에서 100명의 고승을 찾는데 한 번도 낀 적이 없었다. 다른 사람의 시기와 배척을 받았기 때문이다.

그러다 금강삼매경이 나와 아무도 풀이하지 못하자, 홀로 풀이하여 강연한 후 한마디 했다.

"지난날 서까래 백 개를 모을 때는 나는 참여하지 못했지만, 오늘 아침 대들보 하나를 놓을 때는 오직 나 혼자 만이 참여합니다."

이것이 그간 자기의 서운함을 표현한 전부다. 그러고는 더 이상 말하지 않고 모두를 화합했다. 원효의 이런 화쟁사상은 성현이나 대인들만 알아본다. 소인들은 알아보지 못한다. 오히려 어리석게 보고 우습게 보기도 한다.

만약 원효가 지금에 살아계셨다면 우리 사회의 종교나 이념 갈등 같은 것은 아예 없었을 것이다.

〔어떤 때는 좋아했소〕
어떤 때는 좋아했소 어떤 때는 미워했소.
봄바람의 풀잎처럼 정처 없이 나부꼈소.
이 모두가 내 탓이요 그대 탓이 아닙니다.
함께 해서 즐거웠소. 함께해서 행복했소.

눈빛으로 만난 사람 두 손 모아 감사하오.
옷깃으로 만난 사람 두 손 모아 감사하오.
이 모두가 나를 위해 큰 도움을 주셨구려.
함께 해서 즐거웠소. 함께해서 행복했소.

이두

우리는 한글(훈민정음)을 자랑스럽게 여기며, 한글을 창제하신 세종대왕을 높이 칭송한다. 당연한 일이다.
그러나 한글이 단시일 내 창제되기 위해서는, 그 이전에 체계화된 우리말이 있어야 된다는 사실을 놓치고 있다.

체계화된 말이 있어야 체계화된 글이 나올 수 있다. 체계화된 말이 없는데 어찌 체계화된 글이 단시일 내 나올 수 있겠는가? 이는 불가능하다.

그러면 체계화된 말이 무엇일까? 바로 이두吏讀이다. 설총이 만들어서 고려 시대를 거치면서 다듬어진 우리말 체계이다.

고려사회는 이 이두를 사용해서 의사소통이나 경제사회 생활에 전혀 불편함이 없었다. 한글 창제를 반대한 최만리의 상소문에 이런 구절이 있다.

"이두는 시행한 지 수천 년이나 되어 장부나 문서, 계약과 회계 등의 일에 방애됨이 없습니다."

곧 이두를 사용해 고려사회는 정치 경제 사회 법률 등 모든 면에 불편함이 없었다는 이야기다.

그러면 이 이두는 어떻게 나왔을까? 신라의 신승 원효의 염원에서 시작되었다.

어느 날 원효는 "누가 자루 빠진 도끼를 허락하면 하늘을 받들 기둥을 찍겠다."고 노래했다. 당연히 여인이 있으면 위대한 인물을 낳겠다는 뜻이다.

태종 무열왕이 이 뜻을 알아듣고 마침 과부로 있던 자기

딸 요석공주를 보냈다. 그리고는 설총을 얻었다.

하늘을 받들 기둥은 당연히 설총을 낳는 것이다. 그러면 하늘을 받드는 일은 무엇인가?

물론 설총이 유학자이니 그가 공부한 유학이나 그가 한 역할일 수도 있다. 그러나 원효의 뜻은 여기에 한 가지가 더해진다. 바로 우리말, 하늘 말(한말)을 체계화하는 것이다.

사실 원효와 의상은 우리말의 수호자이다.

우리글의 창제까지는 생각지 못했다 하더라도, 우리말의 우수성을 인식하고 그것을 지키고 보존하려 애썼다.

그런데 그것이 어려웠다. 왜냐? 자기들은 이미 한문 식으로 생각이 굳어졌기 때문이다. 이제까지 공부한 것이 모두 한문이었다. 따라서 자기들로서는 불가능했다. 곧 새로운 인물이 필요했다. 그가 설총이다.

대신 원효와 의상은 우리말의 운율이라도 지키려 애썼다. 4/4조 4/3조가 우리말의 운율인데, 가능하면 글을 이렇게 썼다.

원효의 발심수행장은 4/4조이고, 의상의 법성게는 4/3조이다. 원효의 글을 읽을 때는 항상 4/4조의 가락을 염두에 두어야 한다.

그래도 아직 부족하다. 한 사람 더 나와야 된다. 우리말, 우리글 곧 한말, 한글을 학술 용어로 만드는 사람 한 분이 더 나와야 된다.

학문을 "갈"이라 한다면 "한갈" 학자가 한 분 더 나와야 된다는 말이다. 그래야 우리 한글로 모든 학문이 통하게 된다. 곧 우리말이 완성된다.

원효는 비록 여인을 얻어 파계했지만 큰 비난은 면한다. 과부를 택했기 때문이다.

도끼가 여자이고 자루가 남자라면, 자루가 없는 것은 처녀이고, 자루가 있는 것은 유부녀이며, 자루가 빠진 것은 과부인데 이를 택한 것이다.

이미 원효는 계율이니 파계니 하는 세속적 경지를 뛰어넘은 경지에 있었을 것이다.

〔뿔 탄 수레 경을 펼쳐〕
뿔 탄 수레 경을 펼쳐 사자 소리 울려내니
춤을 추는 호롱박이 만 거리에 걸렸구나.
밝은 달밤 요석궁의 봄꿈 홀연 지나가고

문을 닫은 분황사엔 소상마저 비었구나.

천백으로 몸을 나눠 수만 거리 누빈 것도
천백으로 몸을 나눠 수만 사람 구한 것도
한바탕의 광대놀음 돌아보니 구름이고
한바탕의 봄꿈놀음 돌아보니 허공이네.

5. 가사

인간人間

　인간은 중간 아래 집착할 것 되지 못해
　지구도 먼지 행성 집착할 것 되지 못해
　하루살이 물가에 잠시 붙은 것 같고
　티끌 먼지 속에서 잠시 숨 돌리는 꼴

　모든 것은 잠시 있다 문득 사라지는 것들
　세상만사 잠시 쓰다 그냥 두고 가는 것들
　성공이다 실패다 흐르는 구름이지
　울컥할 것 뭐가 있고 불컥할 것 뭐가 있나

　일체를 다 반기니 곳곳이 연꽃세계
　일체를 다 즐기니 곳곳이 안락세계

일체를 다 놓으니 곳곳이 정토세계
일체를 다 버리니 곳곳이 극락세계

심신이 청정하니 바랄 것이 있지 않고
법계가 청정하니 구할 것이 있지 않네.
좌선 한번 드는 사이 천년이 지나가고
선정 한번 드는 사이 억겁이 지나가네.

일생一生

한세상 살다보면 그럴 때도 있게 마련
잘될 때도 있지마는 못될 때도 또한 있어
잘된다고 춤추잖고 못된다고 좌절 않아
꾸준히 하다보면 때가 오고 기회 오지.

지난 일을 회상하여 속상하지 아니하고
내일 일을 예상하여 걱정하지 아니하며
지금 일을 차분하고 대범하게 처리해서
숙제하듯 살지 않고 축제하듯 살아가네.

세상사람 사는 모습 서로 서로 엇비슷해
잘난 것도 있지 않고 못난 것도 있지 않아
돌아보면 다 그렇고 지내보면 매한가지
내 혼자만 못난 듯이 울컥하지 아니하네.

때론 기쁨 때론 슬픔 아침이슬 연기 같고
때론 영화 때론 고통 저녁노을 안개 같지
천하 만물 부모 삼고 세상만사 스승 삼아
생활 속에 도 닦으면 곳곳 모두 극락인걸.

전생前生

전생에 업은 많고 쌓은 덕은 부족해서
지금 생애 병약하고 힘든 삶이 되었네.
이제야 알아차려 후회하고 후회하며
나 자신을 돌아보고 참회하고 참회하네.

다행히 사람들이 이해하고 도와줘서
여기까지 살았으니 천행이고 다행이네.
이제는 갚아야지 그냥 있음 되겠는가?

능력이 부족해도 이리저리 둘러보네.

손해보고 실패해도 불평하지 아니하고
비난하고 험담해도 대꾸하지 아니하며
뒤쳐져서 억울한 이 어디 없나 살펴보고
돌아서서 우는 사람 어디 없나 살펴보네.

조금이나 아는 것을 성심껏 들려주나
이익도 바라잖고 칭찬도 바라잖네.
숙이고 낮추고 이해하고 포용해서
언제나 감사하며 유유하게 살아가네.

내 업業

중생은 고통이라 세상을 원망 않고
인생은 고행이라 사람을 원망 않아
삼계에 끄달려서 돌고 또 돌지마는
마음을 편히 해서 벗어나면 그만이지.

모두가 내 탓인데 그 누구를 원망하고

모두가 내 업인데 그 무엇을 원망하나
진실로 잘났다면 지금세상 났겠는가?
부모도 원망 않고 사회도 원망 않네.

돌이켜 생각하면 그 사람도 마찬가지
무거운 짐을 지고 나처럼 살아가지.
나름대로 다했지만 더 이상은 힘이 없어
여기까지 한 것만도 천행이고 다행이지.

숙세 인연 갚으라고 지금 사람 만난 거고
숙세 업장 벗으라고 지금 고통 만난 거며
지금 깨침 얻으라고 지금 고뇌 만난 거라
감사하고 감사할 뿐 불평하지 아니하네.

세주世主

나는 본시 세계 주인 천하가 날 못 속이고
세상천하 무너져도 내 마음은 청정하네.
나는 본시 세계 영웅 심신이 날 못 속이고
세상천하 분방해도 내 마음은 고요하네.

한번 결심하는 사이 번뇌가 소멸하고
한번 참회하는 사이 업장이 소멸하며
한번 눈을 뜨는 사이 삼세를 통관하고
한번 고개 드는 사이 삼계를 통관하네.

내 인생 내 사는데 남의 눈을 의식하랴.
돋보이게 잘하려고 애 쓰지 아니하고
못한다고 비난해도 기죽지 아니하며
잘한다고 칭찬해도 속아 넘어가지 않네.

다른 사람 잘한 것을 시샘하지 아니하고
다른 사람 못한 것을 비난하지 아니하며
언제나 유유자적 대범하고 장중해서
내 스스로 내 품격을 떨어뜨리지 아니하네.

수심修心

마음을 편히 해서 대범하고 장중하니
급하지도 아니하고 들뜨지도 아니하네.
일체 모두 다 즐겨서 고통 실패 다 즐기니

감사하고 감사할 뿐 불평하지 아니하네.

생사가 여일이라 분별하지 아니하니
가는 것도 있지 않고 오는 것도 있지 않네.
밝은 것만 생각하고 좋은 것만 생각하니
몸과 마음 화합해서 이미 정토 든 것 같네.

없는 데서 온 것인데 가는 곳이 어디 있고
없는 데로 되가는데 두려움이 어디 있나?
곳곳마다 부처세계 어디 가든 청정세계
머무는 곳곳마다 밝은 빛이 비춰오네.

아침에 눈을 뜨면 합장하며 감사하고
시간 나면 좋은 글귀 두세 줄을 읽어보네.
저녁에 잠자리서 좌선 모습 취하다가
나도 몰래 잠이 드니 우주가 적멸하네.

숙업宿業

오직 내가 존귀하니 바깥 인연 의지 않고

오직 내가 깨우치니 안의 인연 의지 않아
오직 마음 의지하여 문득 크게 깨쳐서는
앉은 자리 이곳에서 삼계를 벗어나네.

마음에 업이 배어 심신을 괴롭혀도
마음을 가다듬어 참회하고 축원하면
업이 점점 약해져서 마음이 맑아지고
몸 또한 맑아져서 심신이 편안하지.

육신이 쇠미하여 아프며 흐릿하면
마음을 편히 해야 몸이 따라 편안해져
몸이 맘에 영향 안줘 모두 함께 편안해서
서로가 장애 없이 부드럽게 어울리지.

몸이 극히 피곤하면 몸의 인연 내려놓아
몸의 고통 극심해도 맘에 전해지지 않아
마음 홀로 청정해서 유유자적 하게 되어
육신 껍질 벗고서는 생사를 벗어나지.

유심 唯心

일체가 마음이라 마음 바깥 법이 없어
오는 것도 마음이고 가는 것도 마음이며
나는 것도 마음이고 죽는 것도 마음이라
마음 만약 없으면 모든 것이 없어져.

일체가 마음이라 마음 바깥 법이 없어
근심도 마음이고 걱정도 마음이며
괴로움도 마음이고 두려움도 마음이라
마음 만약 없으면 모든 것이 없어져.

숙세 업을 참회하여 묵은 업장 벗겨내고
지금 일에 성실하여 새론 업장 짓지 않네.
마음을 깨끗이 해 떨쳐내면 그만이고
마음을 편안히 해 벗어나면 그만이네.

일체 일에 유유자적 거리낌이 없으니
그 무엇도 방해 못해 어느 것도 범접 못해.
어둠 속 눈감아도 법당처럼 편안하고

죽음 앞 눈감아도 부처님 전 품안 같네.

일심一心

한마음을 열어보니 진여문과 생멸문이
진여문은 그대로나 생멸문은 나고 죽네.
생멸문을 뛰쳐나와 진여문에 들어가야
나고 죽음 벗어나서 해탈세계 들겠구나.

생멸문을 열어보니 이중 삼중 문이로다.
첫째문은 육식이니 욕심 장군 버텨 섰고
둘째문은 칠식이니 나란 장군 버텨 섰고
셋째문은 팔식이니 무명 장군 버텨 섰네.

욕심 장군 불러내어 무욕으로 내리치니
온갖 번뇌 온갖 걱정 한순간에 사라지고
나란 장군 불러내어 인공으로 내리치니
온갖 집착 온갖 망상 한순간에 사라지며

무명 장군 불어내어 법공으로 내리치니

온갖 세계 온갖 세상 한순간에 사라지네.
저 멀리에 아스라이 진여문이 나타난다.
진여문을 열어보니 텅텅 비어 공이로다.

삼계 십계 텅 비었고 삼세 십세 텅 비었네.
내가 본디 있었던 곳 내가 본디 떠났던 곳
돌고 돌아 다시 오니 그자리가 그자리라
내가 본디 부처인데 무얼 찾아 헤맸던고.
억만 겁을 돌았어도 한 꿈이고 헛꿈이네.

불교아리랑

천만다행 사람 몸 받았으니
자나 깨나 도를 닦아 극락 가세
아리 아리 쓰리 쓰리 아라리요
아리 아리 고개로 넘어간다. (후렴)
눈을 한번 못 뜨면은 저승문턱
오늘 하루 지낸 것에 감사하네. (후렴)
천하만물 둘러보니 부모이고
세상만사 둘러보니 스승이네. (후렴)

앞에 가는 저 사람 부처이고
뒤에 오는 저 사람 보살이네. (후렴)
금수강산 우리 땅 나투셔서
천하제일 도량에서 도를 닦네. (후렴)
서로서로 사랑하고 감사하니
향기로운 법문이 가득하네. (후렴)

지은이 **강승환**

1950년 경북 상주에서 태어났다. 서울대학교 지리학과를 졸업하고 건설회사에서 근무하다 부동산 중개업을 하였다. 이때의 경험을 바탕으로 소설 『땅따먹기』를 펴내기도 하였다.

이후 원효의 저서와 대승기신론 관련 경전 번역에 매진하는 등 우리 문화 연구에 전념하고 있으며, 『원효의 눈으로 바라본 반야심경』, 『한 권으로 만나는 원효전서』, 『이야기 원효사상』, 『우리도 잊어버린 우리 문화 이야기』, 『불교에서 본 우주』, 『죽음이란 무엇인가』 등을 펴냈다.

나에게 불교란

초판 1쇄 인쇄 2025년 6월 18일 | 초판 1쇄 발행 2025년 6월 25일
지은이 강승환 | 펴낸이 김시열
펴낸곳 도서출판 운주사

　　　(02832) 서울시 성북구 동소문로 67-1 성심빌딩 3층
　　　전화 (02) 926-8361 | 팩스 0505-115-8361

ISBN 978-89-5746-876-0 03220　　값 12,000원
http://cafe.daum.net/unjubooks 〈다음카페: 도서출판 운주사〉